中外旅游数字化经典案例研究

Chinese and Foreign Case Studies on Tourism Digitalization

邹统钎　主　编
张梦雅　副主编

旅游教育出版社
·北京·

图书在版编目（CIP）数据

中外旅游数字化经典案例研究 / 邹统钎主编. -- 北京 : 旅游教育出版社, 2023.9

ISBN 978-7-5637-4600-2

Ⅰ. ①中… Ⅱ. ①邹… Ⅲ. ①旅游市场－数字化－研究－世界 Ⅳ. ①F590.8-39

中国国家版本馆CIP数据核字(2023)第188864号

中外旅游数字化经典案例研究

ZHONGWAI LÜYOU SHUZIHUA JINGDIAN ANLI YANJIU

邹统钎 主 编

张梦雅 副主编

策　　划	刘彦会
责任编辑	何　玲
出版单位	旅游教育出版社
地　　址	北京市朝阳区定福庄南里 1 号
邮　　编	100024
发行电话	（010）65778403　65728372　65767462（传真）
本社网址	www.tepcb.com
E - mail	tepfx@163.com
排版单位	北京旅教文化传播有限公司
印刷单位	唐山玺诚印务有限公司
经销单位	新华书店
开　　本	787毫米 × 1092毫米　1/16
印　　张	11.75
字　　数	172 千字
版　　次	2023 年 9 月第 1 版
印　　次	2023 年 9 月第 1 次印刷
定　　价	79.00 元

目 录

第一篇 旅游目的地数字化篇

第二篇　智慧旅游景区篇

第三篇　旅游元宇宙篇

第四篇　旅游市场监管数字化篇

第一篇

旅游目的地数字化篇

第一章
西班牙瓦伦西亚旅游智慧化发展

第一节　瓦伦西亚旅游智慧化发展案例介绍

一、瓦伦西亚——地中海西岸的一颗明珠

瓦伦西亚大区（Region of Valencia）位于西班牙东部，拥抱地中海，是一处迷人的世外桃源。这里有两千多年的历史，拥有11处联合国教科文组织世界文化遗产、220多个博物馆、1840多个文化设施、13个被认证为国际旅游热点的节日、22个自然公园、8个景观保护区、4个自然保护区。瓦伦西亚大区的机场、港口以及铁路网络，将这里与西班牙其他地区紧密联系在一起。这里有3个国际机场，每天超过200趟航班；这里还有3个港口，每年停靠超过250艘邮轮，50万左右的旅客。瓦伦西亚港是地中海西岸最大的港口，西班牙20%的出口从这里出港。

瓦伦西亚致力于发展智慧旅游产业，不断创新旅游模式，推动旅游业的可持续发展和数字化转型，改善游客体验[1]。智慧旅游，2022年荣获“2022欧洲智慧旅游之都”[2]；智慧城市，打造国际化、智能化的绿色目的地；智慧营销，“稳准狠”布局中国市场。瓦伦西亚荣获“2022欧洲智慧旅游之都”“2022年世界设计之都”称号，并成为欧洲第一个获得国际电联（UN）和ISO城市可持续发展双重认证的智能目的地城市，此外还获得了尤利西斯（Ulysses）旅游创新和卓越奖。瓦伦西亚正在将自己定位为一个国际化、智能化和可持续发展的旅游目的地。

（一）现代与古典完美融合

在这个城市里，不但有宏伟肃穆的中世纪建筑，在古城的街道上回荡着千年的沧桑，而且有现代主义建筑，充满了科技的气息。瓦伦西亚有极具现代风格的艺术科学城，还坐落着瓦伦西亚大教堂（Valencia Cathedral）、米伽勒塔（Micalet）、圣女教堂（Basilica of the Virgin）以及阿尔莫纳大教堂（Almoina），现代与古典在这里完美融合。艺术科学城是瓦伦西亚顶级建筑设计师——圣地亚哥·卡拉特拉瓦的代表作品，可谓是未来主义建筑的典范。巨大的建筑物包含了瓦伦西亚的几个最有名的景点，比如拥有 IMAX 影院的天文馆（Hemisfèric）、瓦伦西亚海洋水族馆（Oceanogràfic）、菲利普王子科学宫（Príncipe Felipe Science Museum）、索菲亚王后艺术歌剧院（Palau de les Arts Reina Sofía）、阿索特金桥（lAssut de lOr Bridge）和室内网球场馆（Agora）等。

（二）特色美食培养城市文化

瓦伦西亚农业发达，自古以来就是西班牙的第一大粮仓。这里的蔬菜、水果，尤其是柑橘、柠檬等品种在欧美地区享有盛誉。瓦伦西亚地处地中海，物产丰富，土地肥沃，被誉为“美食天堂”。提到瓦伦西亚，瓦伦西亚的海鲜饭已经上升成为西班牙的象征，种类繁多，从纯鱼肉到纯蔬菜的应有尽有。制作海鲜饭时，有一种特制的平底锅，叫作“Paella”。瓦伦西亚有着自己的海鲜饭文化，每个星期天，西班牙人都会和家人团聚，一起做海鲜饭。

（三）火爆全球的节日——法雅节和西红柿节

天性浪漫的西班牙人把节庆视为他们生命中重要的一环。瓦伦西亚大区人口超过 500 万，是一个文化底蕴深厚的地方，当地人通过节日庆典和活动将这些历史文化代代相传并发扬光大。最引人注目的节日是法雅节（Fallas）、西红柿狂欢节（La Tomatina），每年都吸引众多来自世界各地的旅游者。每年 2 月末到 3 月中旬，法雅节来临，瓦伦西亚都会有焰火表演、盛装游行、向圣母献上鲜花等活动，并以午夜时分的火烧法雅人偶为高潮。瓦伦西亚市中心的街道上到处都是用木头、纸板和泡沫制成的玩偶，被称为“法雅”（Las Fallas）。法雅小姐作为法雅节的代表，是法雅节的精神和文化的传承者。瓦伦西亚还有一个独特的节日，那就是西红柿节，这个节日在全世界都很受欢迎。每年8月的最后一个星期三，瓦伦西亚布纽尔将举行一场“西红柿大战”。在这一天，当地政府会运送大量成熟或者不能出售的西红柿供所有人使用，每个人都像是小孩子一样嬉戏打闹，很快就形成了一条蔚为壮观的鲜红河流，直到信号烟花升起，西红柿之战才算结束。

（四）拥有杰出文化遗产创意城市

宏伟的哥特式建筑丝绸交易所、独一无二的水法庭、国际化节日法雅节，是瓦伦西亚的标志性建筑和文化事件，被联合国教科文组织列入《世界遗产名录》。在瓦伦西亚，您将体验历史遗址、博物馆、剧院、音乐会、节日等营造的浓郁的文化氛围。这座城市有着“2022世界设计之都”的头衔，因而有着不可忽视的创造力，也有着更多足以让您的行程丰富精彩的体验！

二、瓦伦西亚旅游智慧化发展进程

（一）智慧旅游项目

英国、西班牙和意大利拥有最多的智能城市。西班牙是联合国世界旅游组织的总部所在地，是全球旅游业的领头羊。作为西班牙最杰出的旅游城市之一，瓦伦西亚代表着全球旅游业的顶尖水平。这座城市是西班牙政府积极倡导智慧旅游发展的典范，多年来一直致力于将智慧旅游融入其中，以塑造一个可持续、多元且具有竞争力的旅游目的地。2013年，西班牙工业、贸易与旅游部发起了一项名为“智能旅游目的地”的计划，并制定了相应的认证标准。该计划旨在推动旅游业与先进技术的融合，为旅游目的地打造智能化、创新化的体验。2019年，西班牙工业、贸易与旅游部又推出了“智慧旅游目的地网络”计划，旨在促进各地旅游目的地之间的合作与交流，并共享智慧旅游开发和创新经验。此外，瓦伦西亚还实施了“欧洲可持续旅游目的地（European Sustainable Tourist Destination）”项目和“旅游商业（Comercio Turístico）”项目。其中，“欧洲可持续旅游目的地”项目旨在为来到瓦伦西亚的大量游客实现零碳足迹。瓦伦西亚的“旅游商业”项目使该市旅游区200家商店实现了数字化，此举极大提高了旅游行业的竞争力。

（二）智慧旅游目的地平台

2021 年，西班牙政府投资 1.3 亿欧元，建立了智慧旅游目的地平台。该平台的目标是将公共和私人数据整合起来，实现游客、旅游目的地和商业之间的紧密联系。通过这个平台，游客可以便捷地与旅游目的地和相关企业进行在线沟通，获取旅游信息和宣传资料。同时，通过对游客数据和旅行信息的综合和分析，为旅游目的地制定旅游政策提供有价值的参考。企业也可以通过推广更多契合平台目标的旅游项目，进而加速西班牙的商业电子化进程。

（三）2022 年欧洲智慧旅游之都

欧洲智慧旅游之都（European Capital of Smart Tourism）是一项欧盟倡议活动，目前由 COSME 计划资助，旨在评选出智能旅游目的地，并搭建一个信息共享平台，在欧洲城市之间分享旅游领域的最佳实践，此前已经积累了相当丰富的智能旅游成功经验。评审组委会从四个类别来评价各旅游目的地的卓越表现，分别为：可访问性、可持续性、数字化、自然文化遗产和创造力。

瓦伦西亚当选欧洲“智慧旅游之都”，这得益于它在可访问性、可持续性、数字化、自然文化遗产和创造力等方面取得的进步与成就。在欧盟的推动下，哥本哈根、都柏林、佛罗伦萨、卢布尔雅那和帕尔马等来自 16 个不同国家的 30 个候选城市都提交了参赛申请。瓦伦西亚因其在致力于减少碳足迹和水足迹方面的努力、完善的旅行信息系统开发、增加行人专用步道面积、不断消除城市出行障碍，以及对自然文化遗产的推广行动而最终斩获此项殊荣。

成为智慧旅游之都不仅仅意味着持续推动可持续旅游。除了保护当地生态系统、规划生态友好的交通系统、减少温室气体排放外，智慧旅游之都还要确保游客获得最佳体验、利用创新技术和健康的创造力来不断发展完善，保证瓦伦西亚对所有类型的游客都非常友好。

第二节　瓦伦西亚旅游智慧化发展实施效果

一、智慧旅游——2022年欧洲智慧旅游之都

（一）面向未来，更绿色

瓦伦西亚是一座绿色城市，拥有大量的公园和花园。瓦伦西亚被图里亚河床分隔开，河流终年流淌不息，形成了最大的城市绿地。瓦伦西亚被地中海、阿尔布费拉自然公园和奥尔塔区广袤土地围绕，拥有丰富的种植蔬果和绿植的空间。奥尔塔区被世界粮食组织认定为重要的世界农业遗产系统（SIPAM），被誉为“欧洲城郊的菜园”，占地200平方千米，主要作物有虎坚果、橙子、水稻以及各类蔬菜。丰饶的土地拥有巨大的环境和文化价值，自古便是重要农业区域。通过自行车道，这片城郊田园可以和瓦伦西亚市中心紧密连接。此外，瓦伦西亚的阿布菲拉自然公园拥有由古代海湾构成的淡水湖，它是西班牙最主要的湿地之一，还被列入国际重要湿地名录和为ZEPA区（禽类特别保护区）。

（二）无形资产，更创新

瓦伦西亚拥有诸多文化遗产，人文和历史遗迹遍布在城市每一个角落。瓦伦西亚在保护名胜的同时，让文化浸入生活，卡门文化中心（Carme Cultura Contemporània）便是成功实践案例。卡门文化中心位于瓦伦西亚，是卡门社区的古修道院，前身是瓦伦西亚卡梅尔山圣母皇家修道院，建于1281年的哥特式修道院建筑群，镌刻下生动的历史记忆，如今被改建成一所当代艺术学院，同时也是瓦伦西亚博物馆联盟所在地。卡门文化中心将古典建筑和现代美术教育完美结合，并提供开阔的展览空间。瓦伦西亚现代艺术学院（IVAM）收藏了约12 000件藏品，是西班牙第一家当代艺术博物馆。

除了历史建筑，瓦伦西亚也不断地为本地居民提供丰富的生活资源：各式活动，特色餐馆，文化体验等，比如建造大量的博物馆和歌剧院。卡门文化中心或Bancaja

Foundation 中心定期提供免费展览，而 Ice Factory 和 Casa del Mar 等各色音乐酒吧，则让人们尽情享受海港城市的音乐魅力。

（三）数字格式，更智能

瓦伦西亚的旅游资源和旅游办公室实现了完全数字化。游客只需使用二维码即可进入城市的各种空间，无须纸质门票。瓦伦西亚所有的指南、地图和旅游手册都以数字格式提供，游客可以将它们下载到手机中，以便在游览期间使用。除了在瓦伦西亚的办公室、Whats App 上和通过实时聊天提供的旅游信息代理外，旅游办公室还提供交互式触摸屏，游客可以在其中查找和下载信息，购买和领取瓦伦西亚旅游卡或其他购买品。2022 年，游客将能够尝试更多身临其境的体验，深度感受瓦伦西亚的魅力。在游览瓦伦西亚时，瓦伦西亚的旅游资源和旅游办公室努力在数字化方面尽可能智能化，使用可持续的服务器来减少碳足迹。这意味着，当游客在瓦伦西亚的网站上购买旅游服务时，将有助于智慧旅游和可持续旅游的实现。在城市里走动也越来越安全。在 Marina 已经安装了第一个智能人行横道，配备了传感器和 LED，一旦行人接近，就会亮起，以通知任何接近的司机。

（四）科技提升，更沉浸

为了打造一座智慧型旅游城市，瓦伦西亚不仅注重创新科技和创造力，还致力于为游客提供令人难忘的体验。该城市引入了智能聊天机器人、智能信息咨询台等智能沟通设备，让游客享受便捷和个性化的旅行体验。除了这些，瓦伦西亚旅游局还开发了一款专用的移动 APP，在地图上设计了各种主题的地图，将各个景区连接在一起，让游客们在“寻宝式”体验中获得更多的乐趣。这些项目将技术和服务完美地融合在一起，提高了旅游者的体验。

全市有 400 多个免费的高速公共 Wi-Fi 热点。该网络是欧盟 WiFi4EU 计划的一部分，每个点提供 30 兆字节的速度，可用于广场、花园、海滩、博物馆和市政建筑。利用免费的转机点，可以从马尔瓦罗萨海滩或维韦罗斯花园等标志性地方发送您访问瓦伦西亚的最佳照片。

（五）数据平台，更智能

首先，瓦伦西亚建立了 5 个智能旅游信息办公室，为旅客提供全天候的信息查询、购物和在线订购服务[1]。其次，瓦伦西亚开发了完善的智慧旅游系统。一是市政府成功开发了旅游数据平台，通过研究旅游细分领域的数据，为游客提供更加灵活的服务。二是瓦伦西亚引入了人工智能技术，打造了全天候的专业服务，为各国游客提供丰富的智慧旅游体验。三是智能旅游数据平台利用城市中的感应器，收集城市公交运营状况、租赁自行车使用量和消费者消费倾向等数据，并通过大数据分析旅游和消费行为，为企业做出正确的决策提供依据。此外，瓦伦西亚还拥有一个居民生活交通控制中心，能够实时控制城市主要道路的各种情况，包括红绿灯的转换频率，以应对紧急情况，例如避免交通拥堵。

二、智慧城市——打造国际化、智能化的绿色目的地

（一）可持续发展的绿色目的地

瓦伦西亚的旅游业策略是在可持续发展的基础上，通过碳足迹和水足迹认证项目、智能旅游情报系统的开发等技术手段来保护本地生态系统，减少温室气体的排放量。瓦伦西亚坚持减少旅游业的碳排放量，开展碳足迹和水足迹统计项目，是第一个获得国际电联（UN）和 ISO 城市可持续发展双重认证的欧洲城市。2021 年 2 月，瓦伦西亚以广泛的社会和政治共识批准了该市 2030 年的气候使命（Valencia 2030 Climate Mission），旨在促进城市脱碳、减少二氧化碳排放以实现气候中和。

此外，政府制订了多项可持续行动计划以减少二氧化碳排放。一方面，瓦伦西亚利用区块链和大数据创建“智能港口”。瓦伦西亚港是欧洲首家采用氢来降低环境污染的港口，码头有智能供应和系泊点，允许用户通过智能手机上的应用程序跟踪船只的消耗量。该码头将是完全电气化的，供电 100% 来自可再生能源，将减少 98% 的二氧化碳排放量。另一方面，瓦伦西亚鼓励公众和游客乘坐公共交通出行。与乘坐私家车相比，使用公共交通时二氧化碳排放量减少约 70%。在瓦伦西亚，游客乘坐公共交通十分便利，游客使用瓦伦西亚旅游卡，可以无限次乘坐公共汽车、地铁和电车。

（二）无障碍和包容的城市

瓦伦西亚通过智能设备等技术手段消除障碍来迎接每位游客，这样所有游客都能充分享受这个城市提供的一切服务。受欧洲大型智慧城市的启发，瓦伦西亚于 2012

年开始转型。像 Valencia 之类的 App 能让当地民众和游客获得公交车和自行车实时信息、城市相关警报，甚至能在线支付账单，而这些功能都已整合到瓦伦西亚智慧城市管理平台，城市里的停车点、路灯、垃圾收集箱都能通过联网功能更有效管理。通过综合使用 GPS、物联网和大数据分析解决方案，瓦伦西亚寻求建立一个高效和智能的移动系统。其好处包括更有效地使用交通系统、通信线路节能和提高瓦伦西亚人和游客的生活质量。

无障碍旅游是指为残疾人、老人等有功能障碍的弱势人群，提供与普通旅游不同的专用设施、专用服务，以满足或改善其在旅游中的便利程度。真正的无障碍社会不仅体现于盲道、坡道等硬件设施上，也应体现在软件层面，体现在整个社会的公共服务体系中。瓦伦西亚铺设了专供障碍人群的特殊设备，消除特殊人群移动障碍，拥有配备 Navilens（纳维二维码）盲人技术的巴士以及盲文牌匾，拥有对残障人士友好的海滩和景点。在瓦伦西亚的许多地方都有能让患有自闭症或智力障碍的游客看懂的图标，以建设一个无障碍移动的城市为理想目标。

（三）向“气候中和”全力迈进

瓦伦西亚计划通过智慧系统、新能源等一系列技术举措来实现可持续目标，确保其时刻走在欧洲脱碳和气候中和战线的最前沿。“2030 年城市战略”（Urban Strategy 2030）是作为 Mission València（瓦伦西亚使命）2030 计划的一部分而设计的，该计划是一种基于使命的创新治理模式，旨在通过多样性、充分调动民众力量和推进各种知识分享来改善居民的生活质量。作为瓦伦西亚“2030 年城市议程”的一部分，一些试点项目已经在某些社区实施，如果它们能取得积极成果，这些试点将扩展到城市的其他地区。例如，瓦伦西亚目前正在开发的 Grow Green（绿色成长）项目，寻求利用基于自然的技术解决方案来应对气候变化，并在干旱或暴雨时期提高抵御能力，很多社区已经建立了诸如立面或露台上可抵抗建筑物中热应力的垂直花园以及雨水收集系统。此外，瓦伦西亚还大力推广在市政建筑中安装光伏电池板，城市的整个照明系统已经进行了节能提效技术改造，仅这一项每年就可节省 400 万欧元，这些资金将被重新用于投资新的能效项目。

三、智慧营销——“稳准狠”布局中国市场

2021 年 2 月，西班牙瓦伦西亚大区旅游局正式启动一项针对消费者和旅游行业的数字营销计划，以期吸引更多中国游客到该地区旅游。中国是迄今为止全球最大的游客来源市场，中国游客无论从规模上还是素质上都属于优质游客群体。瓦伦西亚作为西班牙区域旅游目的地，希望通过中国领先的社交媒体平台引导中国游客对该地区更深入地了解和发现。基于微信的10亿用户规模以及微博平台5.23亿月活跃用户（2020年第三季度数据），微信微博官方账号已经成为海外旅游局吸引中国游客的主要旅游信息发布渠道。瓦伦西亚大区旅游局重视社交新媒体的营销策略，定期通过微信和微博官方账号发布内容，教育和启发未来的访问者。

（一）微信公众号“瓦伦西亚大区旅游局”

2021 年 1 月 8 日，瓦伦西亚大区旅游局在微信上发布了开篇文章：“你眼中的瓦伦西亚是什么样的？”公众号推文包括“地中海饮食”“西海岸阳光”“瓦伦西亚奇幻节日”“古镇寻踪”“瓦伦西亚大冒险”等合集。当游客关注微信公众号时，最先接收的就是官方的推介语：位于地中海西海岸的瓦伦西亚大区，由阿利坎特省、卡斯特利翁省以及瓦伦西亚省共同组成，首府是瓦伦西亚市（Valencia）。这里是海鲜饭的发源地，丝绸之路的终点。阳光普照，全年宜人的气候，绵延数百千米的美丽海岸线，还有健康美味的地中海饮食文化。遇见瓦伦西亚，体验不一般的西班牙风情。数据显示，致力于宣传瓦伦西亚地区生活方式和文化的内容最能引起关注者的兴趣。其中一篇最成功的文章专门讨论了中国与瓦伦西亚地区的相似之处，里边就讨论了对丝绸和烟花的热爱。建筑、美食等内容也深受粉丝的喜爱。

根据龙途国际发布的微信榜单，瓦伦西亚大区旅游局在微信上的账号始终位列DMO（Destination Management Organization，目的地管理组织）账号前 10 名。瓦伦西亚大区旅游局于 2022 年 1 月 24 日开通了微信视频号，既发布针对中国市场的本地化视频，也发布针对该市场的独家原创视频。

表 1-1 微信公众号部分文章节选

日期	题目
2021-01-08	你眼中的瓦伦西亚是什么样的？
2021-01-15	步履不停两千年，只为这条改变世界的路
2021-01-22	给你的年夜饭加一勺灵感
2021-01-29	看我怎么“显山露水”！
2021-02-05	粮仓·首府·西班牙第三大市，瓦伦西亚的身上还有哪些标签？
2021-02-22	激活肾上腺素计划：大冒险之瓦伦西亚
2021-02-26	上帝有根笔，将阿利坎特写成了你爱的样子
2021-03-05	在博物馆·看大世界
2021-03-12	出发之前，这些事你一定要知道丨上篇
2021-03-19	春风吹来了法雅节

（数据源于作者整理，截至 2022 年 10 月 31 日）

（二）微博官方账号“瓦伦西亚大区旅游局”

2021 年 1 月 1 日，瓦伦西亚大区旅游局在微博上发布了开篇博文“# 瓦伦西亚旅行 # # 时光无与伦比 # 你喜欢山川的沉默还是总会追着阳光嬉戏的大海？喜欢黎明与落霞的千变万化，还是夜幕降临时分的热闹市井？远方很多，但却有一个地方能让你与志同道合的旅行者相遇，这里有全年宜人的舒适气候、令西班牙引以为傲的历史文化、精彩绝伦的节日庆典、优秀的旅游度假区、令人垂涎的地中海美食……那就是时而热情似火、时而静若处子的瓦伦西亚大区（Comunitat Valenciana）。”微博话题包括 # 瓦伦西亚旅行 #、# 时光无与伦比 #、# 西班牙旅行 #、# 去瓦伦西亚看海 #、#Costa de Castellón#、#CostaBlanca#。

（三）官方中文网站

瓦伦西亚大区旅游局推出了专为中国市场开发和设计的网站。瓦伦西亚大区旅游局的中文网站，将为中国消费者提供丰富且易于查找的目的地资讯，包括目的地、餐饮、活动、文化和景点等旅游资源，以及签证、交通等实用信息。该网站通过中国最大的搜索引擎百度进行推广。

（四）B2B 营销——旅行社在线培训

瓦伦西亚大区旅游局通过龙途互动的“旅游专家”在线培训平台（CTA）为中国旅行社开设培训课程，以促进中国旅游业者充分了解瓦伦西亚地区的旅游资源。CTA 旅游专家培训是龙途互动开发的一款基于微信的交互式移动培训项目。瓦伦西亚在线培训课程于 2021 至 2022 年开设五场 CTA Live 直播培训课程，为中国旅行社提供旅游专家培训和问答，并按需提供课程回放，以鼓励和方便更多旅行社访问课程。

（五）“哈维尔穿越 2027”事件

2021 年 2 月 13 日是西班牙疫情高峰期，哈维尔自称是来自 2027 年的人，穿越到了空无一人的 2021 年的西班牙。哈维尔为了证明自己来自 2027 年，甚至和网友来了一段穿越时空的互动，他把一些物件放到城市各个角落，不少网友竟然在现实中拿到了哈维尔藏的物品。所有的证据链串联起来让越来越多网友相信“穿越”是真的。很多乐于“打假”的博主从拍摄、后期剪辑、逻辑等不同角度甩实锤以证明这是个彻头彻尾的“大骗局”。包括身在西班牙的网友都只身前往瓦伦西亚一探究竟。

西班牙媒体公布了哈维尔穿越事件是 Beta-Film 策划的一个拍摄项目，用来尝试还原“平行空间”这个创意，然后在互联网上投放。瓦伦西亚市议会直接发布了一封公开信，感谢哈维尔以及他的团队促进了瓦伦西亚当地旅游的发展，哈维尔穿越事件将不断更新，并且 2027 年将在瓦伦西亚上映《哈维尔—世界幸存者》这部科幻电影。

推动这场营销事件继续发展的后台无疑是瓦伦西亚政府，因为新冠疫情的发生，瓦伦西亚市的旅游业受到重大打击，因此政府与哈维尔团队达成合作，将公共资源作为拍摄素材，创造无人之境从而撩拨游客来瓦伦西亚市探秘的欲望，亦真亦假的营销方式让这场精心制造的大事件一直持续有热度。如今的哈维尔不仅持续运营了 tiktok 官方号，还注册了中国抖音官方号，目前也有 35.7 万粉丝，按照这个基数来算，现在也妥妥是个腰部博主。2027 穿越人“哈维尔”一系列的悬疑风格视频，借助疫情，不知不觉地做成了一个时代强 IP。

第三节　瓦伦西亚智慧旅游发展经验借鉴

一、持续发展数字营销的战略

瓦伦西亚旅游局在评估中国市场后，发现了这个市场前所未有的活力。旅游局在将市场推广预算提高了 400% 之后，与一家中国本土的营销公司建立了合作关系，结合合作伙伴对本土化市场的经验，在中国市场做足数字营销网络布局。瓦伦西亚旅游局先后开通中文网站、微信、微博、头条号以及优酷和腾讯等视频账号，以最适合中国市场的打法向潜在客群输送目的地信息。正是适时地用出了这套“数字营销”组合拳，更多样的目的地资讯与实用旅行信息被精准地传播给潜在游客，更多人通过不同的线上媒体渠道了解到了瓦伦西亚的美食美酒、历史文化以及购物信息等，让更多渴望小众目的地的客人认识瓦伦西亚。同时，瓦伦西亚旅游局还推出两个全新的品牌：“独一无二瓦伦西亚”及“瓦伦西亚制造”，通过文化与特色商品向更多人传播这里的旅游资源。疫情仍在继续，暂缓游客的出行，但也增加了人们旅行的欲望。瓦伦西亚旅游局意识到有必要让潜在的中国游客了解他们的产品，以便当旅行恢复时，瓦伦西亚地区会是他们考虑的目的地之一。

二、推广绿色出行和慢享旅游

瓦伦西亚旅游局关注到后疫情时代人们对于户外活动和“慢生活”的兴趣，现在的游客并不注重价格低廉与否，而更注重旅游体验，在行动受限的几年间，人们更多地想要享受生活、释放压力、体会当下。而这些恰恰是瓦伦西亚的优势所在，除了每年拥有 330 多个晴天，当地悠闲的度假氛围也极具吸引力。品尝着瓦伦西亚当地的特色饮品（比如 Horchata）、海鲜饭或是 Tapas，参观博物馆，购买当地手工产品等，都是享受当下的好方式。瓦伦西亚能够打造轻松又独特的假期。此外，政府还建设了 156 多千米的自行车道，并对多条公路及建筑物进行了无障碍的改建，以促进实现绿色出行和慢享旅游的目标。

三、消除障碍来迎接每位游客

西班牙德科集团基金会（Fundación Adecco）的统计报告显示，西班牙大约有六百万名残障人士及陪同人员，其中有 56% 的人因为找不到合适的旅游目的地或旅游产品而选择不旅行。一座智慧型旅游城市还应是一座无障碍和包容的城市，瓦伦西亚就是这样一座城市。瓦伦西亚希望建设一个无障碍移动的城市，让出行不便的人也能体验瓦伦西亚。瓦伦西亚铺设了专供残障人群的特殊设备，消除特殊人群移动障碍。如拥有配备 Navilens 盲人技术的巴士，拥有对残障人士友好的海滩和景点，让患有自闭症或智力障碍的游客看得懂的图标。

四、专注传统旅游主题推广传播

瓦伦西亚与中国的很多城市类似，都具有非常深厚的历史底蕴，正是这样的背景使得当地对于传统的传承尤为注重，而这也体现在了不少旅游主题上。2019 年尝试了在中国推广瓦伦西亚传统“西班牙海鲜饭日”，得到了上海、广州两地媒体及旅业者的热烈响应。除了知名的法雅节与西班牙海鲜饭日这样的节庆类推广主题外，2019 年还突出宣传马拉松、购物及圣诞主题游览也是瓦伦西亚旅游局的工作重点。随着中国“跑友”数量的增加，希望打卡每一个金标路跑赛段的爱好者势必会为瓦伦西亚吸引不小的流量。针对大多数中国游客喜欢在其他城市购物的诉求，瓦伦西亚的购物主题也会被不少游客追捧。西班牙是欧洲唯一一个可以获得 100% 退税的国家，瓦伦西亚更是集购物环境舒适、产品物美价廉于一身的购物城市。目前有不少欧洲航空公司可以在瓦伦西亚转机，中国游客可以将这里作为旅行的最后一站，购物结束便可轻松转机回国。

参考文献

[1] 白宇．西班牙力推智慧旅游产业发展［EB/OL］．(2022-01-26)［2023-09-01］．http://world.people.com.cn/n1/2022/0126/c1002-32339755.html.

[2] Admin. 2022 欧洲智慧旅游之都［EB/OL］．(2021-11-22)［2023-09-01］．http://www.unwtonews.com/xiangcun/ouzhou/2021/1122/1674.html.

第二章
日本旅游数字化战略

近年来，日本旅游业的行业环境和消费者的旅游需求发生转变。在日后的旅游振兴措施中，日本政府更加聚焦未来旅游行业从数量到质量的转变，提升旅游的高附加值。在新冠疫情期间，日本旅游行业的数字化转型等相关技术得到了快速普及。

第一节　日本旅游数字化发展现状

一、光之幻想城——日本沉浸式数字旅游景点

光之幻想城是日本的首个数字旅游景点。该项目是由多家顶尖的新媒体数字体验公司，包括株式会社ネイキッド（NAKED，INC）、Square Enix（史克威尔艾尼克斯控股公司）等联合打造而成。游客可以在这里体验数字技术与现实场景完美融合的独特魅力。作为日本首个聚集了沉浸式体验型数字场景的旅游景点，光之幻想城由花卉、海洋、宇宙、森林、体育、音乐 6 个不同世界观设定的数字游乐场景以及 1 个咖啡厅组成[1]。该景点将主题如“花与光”“自然科学”与高端影音技术相结合，创造了一个独特的“现实 + 数字”的探索未知的体验，满足游客的好奇心。

二、JASMY 与日本旅行社合作运用区块链技术

JASMY 与日本旅行社开展实证实验，是区块链技术在旅游业的首次重大应用。

JASMY 将利用独创的物联网和区块链技术助力日本旅行社成为“客户和地区解决方案的帮手”，助其完成数字化转型和未来布局。本次合作将给寒冬中的旅游业带来全新变革，重启繁荣。

日本推进智慧旅游发展主要采取 ICT 技术（应用信息和通信技术）。凭借其优秀的收集、处理、存储、传输和展示信息的能力，ICT 技术在旅游业中有着广泛的应用，例如通过互联网预订旅游服务或进行预订数据分析、制订智慧观光城市项目、整合旅游路线信息和开展艺术旅游社交网络等。

三、腾讯与日本合作建立一站式智慧旅游解决方案

腾讯云宣布与日本中部国际机场利用促进协会和三井物产株式会社的合作，通过建立一站式智慧旅游解决方案，推动名古屋及日本中部地区旅游业的发展①。腾讯云期望借协助日本当地企业和旅游业接触中国以至世界各地的旅客，为疫后复苏做好准备。

日本中部国际机场促进协会和三井物产株式会社推出微信小程序与入境旅客保持紧密联系，并通过微信小程序向旅客提供与旅游及文化有关的内容，包括观光路线、景点推介、购物和美食情报，以及日本名古屋和中部地区的节庆活动时间安排等。

一站式智慧旅游解决方案依托微信（WeChat）超过 12 亿的每月活跃用户人数，以及腾讯云的先进技术平台和多元化数码市场推广服务，提供多项功能。一站式智慧旅游解决方案除观光路线、景点推介及美食情报外，还提供翻译服务、退税、旅客地图及紧急服务，中国旅客可通过微信小程序，发掘日本中部地区的旅游资源，尽情探索当地的旅游乐趣。

① 美通社．腾讯云在日本中部地区推出智慧旅游解决方案［EB/OL］．（2022-02-24）［2023-07-17］．https://www.prnasia.com/lightnews/lightnews-1-102-40467.shtml.

第二节　日本旅游数字化实施效果

一、“观光立国”的系统性规划战略

（一）战略背景

21 世纪初，面对长期低迷的经济与日益严重的低生育率和人口老龄化现象，日本期望通过振兴旅游业来缓解财政压力、实现经济复苏回暖。2002 年，日本政府首次提出借助旅游观光来振兴日本经济，以国土交通省为中心的相关省厅随后拟定了“全球官方战略”[2]。2003 年 7 月，日本认识到了自身与世界旅游大国的差距，发现了国家每年出境游客人数高于入境游客人数。为了谋求世界政治大国地位，将旅游业打造成国民经济主导产业，解决社会上复杂多样的经济问题（如区域经济不平衡、日元汇率变动、泡沫经济后百姓就业困难等），日本政府提出“观光立国”战略。

（二）顶层设计

在实施“观光立国”战略之前，日本便开始制定相关法律、政策和各种与旅游相关的计划[3]。参照《日本国土交通省观光白皮书（平成 21 年版）》，日本政府从 1963 年《旅游基本法》制定以来，在 2003 年前，先后出台了《观光白皮书》《综合游览区域整备法》《关于 21 世纪日本旅游发展方向的建议》《打造外国人想到访、想学习和想工作的日本》《全球观光战略》等一系列法律和计划。

2003 年，日本正式启动“观光立国”行动方案，并在 2004 年将其上升到国家战略层面。通过制定《观光立国行动计划》（2003 年）、《观光立国推进基本法》（2006 年）、《旅游国家促进基本法》（2006 年）、《修帝国土交通省设置法等一部分法律》（2008 年）、《观光立国推进基本计划》（2012 年）、《日本再兴战略——JAPAN in BACK》（2014 年）等一列法律与计划，在国土交通省下成立观光厅，一个保证“观光立国战略”实施的较为完整的体系构建完成。在日本政府的努力下，国际旅游业取得了举世瞩目的成就，成为日本经济的支柱产业之一。

2021 年日本《旅游白皮书》提出要在业务管理、客户服务、社会流动性、内容、营销、促销等各种情况下，引入 IT 和 DX 技术，实现节省劳动力和新业务开发等，并提高旅游业的盈利能力和旅游者的旅游便利程度。

在旅游业内容方面，AR 和 VR 等前沿技术也有助于提高内容的附加值。比如在大分县文古田市，有一座“天元寺无名桥”，由于它很危险，除了僧侣之外，其他的人都禁止进入，但是游客可以在 VR 的培训体验内容中欣赏桥上的风景。在未来，如果再现力和感官技术研发取得进展，有可能通过穿上特殊的套装，实现让人们体验通常人类无法进入的雪山和火山口的旅游内容。

在旅游领域发展方面，通过分析位置信息和购买信息，可以开发理想的观光路线和产品，同时通过数据分析验证效果也可以进行数字营销并促进高效推广。首先，在数字营销方面，客户管理和掌握停留时间和地点可以帮助开发新的旅游产品并避免造成拥堵的人群，借助分析游客属性、购买数据和位置信息等来提高重复率。其次，利用位置信息，实现对拥堵预测和替代路线的建议设计。最后在信息标志和招牌的数字化方面，可以通过与出发和到达航班一起传输目的地的交通和内容等信息来吸引客户。

（三）实施情况

随着“观光立国”口号的提出，日本政府也开始积极推行“智慧旅游”，由总务省下属的各地方分支机构负责主要工作。

通过产政学合作，总务省下属的综合通信局正积极推动“山阴・山阳智慧观光工程”，协助当地政府建立先进的智慧旅游信息基础设施。“山阴・山阳智慧观光工程推进协会”以广岛市为基地，以最先进的信息通信技术大力推广旅游应用客户端。游客可以从客户端中轻松获取大量当地旅游信息，获得值得推荐的游览旅游线路，极大增加游客旅游的便利程度。

在政府主导的团体以外，非营利性企业也积极推动日本的智慧旅游发展，以满足日益增长的自由行游客需求。例如，日本本地在线旅游平台为游客提供“关西旅游”“逛街”等咨询服务的“智慧旅游推进机构”和 Jalan（日本最大的酒店和日式旅馆在线预订网站之一），以及一些在线旅游平台，包括传统电商转型为旅游电商平台的“乐天旅游”，全球性的在线旅游平台，如爱彼迎、Bookin.com 等。这些在线平台不仅与中国等国家的企业合作，还积极拓展日本的酒店市场和个性化定制的旅游市场等，推动日本入境旅游市场的发展。

旅游市场变化迅速，游客需要及时获取最新信息并分享以提升旅游体验。如果当地缺乏专业人士进行信息搜集和整合，这些信息就无法获知并得到传播。因此，非营利性组织如“智慧旅游推进机构”在实时共享旅游信息和提供易于游客掌握的信息方面发挥了重要作用。

二、“智慧观光”城市实施项目

日本政府在大数据和开放数据战略的支持下，推出了“智慧城市（Smart City）”的概念。目前，日本43个县、市、地区已经开始布局智慧城市建设，通过应用信息和通信技术（ICT）以及其他创新技术，积极推动城市的可持续发展、提高居民生活质量、提高城市管理效率的城市发展模式。以大数据战略与智慧城市建设的互动发展为依托，推动智慧旅游的高质量发展。智慧旅游的发展将促进企业内部运营的优化，使传统旅游业逐步走向现代化，并加强与企业外部的联系与合作效率，从而促进区域的发展。

（一）典型的“智慧观光”城市——弘前市

弘前市是日本推行“智慧观光”城市项目的先进代表。为了提高休闲旅游的信息共享和交通机构的ICT化，弘前市制订了建设“智慧观光”城市的计划，并于2020年成功实施。此外，为了增强观光城市的附加价值属性，弘前市还推广电动汽车和燃料电池汽车等次世代汽车的使用。这些新一代汽车不仅可以为游客提供便捷的服务，还能为市民的日常出行提供便利，同时推动低碳生活的发展。

弘前市的“智慧观光”城市项目主要从以下四个方面展开：

1. 利用ICT技术发布旅游信息

弘前市的旅游资源数量众多，信息量较为庞大。为了让不同国籍、不同知识背景、不同年龄阶段的游客在初次来到弘前市时能够迅速获知相关讯息，以一个充满自由感知与安全感的心理状态进行游玩，弘前市将城市所拥有的旅游资源通过手机终端进行发布，以帮助游客更好地规划自己的旅游计划与路线。

2. 实现公共交通智能化

弘前市以ICT技术为基础，将公共汽车定位系统信息向公众实时公布，便于游客们查询公共汽车的位置信息，同时将该项技术应用于IC卡支付结算，提升了游客出行旅游的便利性和乘坐城市公共交通的积极性[4]。

3. 营造绿色旅游环境

在电动汽车和燃料电池汽车中应用GPS终端技术，以满足旅游者的需要，为旅游者提供便利的旅游环境，为旅游者提供更多的旅游选择。

4. 建立区域性档案馆

为了更好地向外推广旅游，展示弘前市的风采，弘前市在档案上把“知识性”当作一种向外推广，把它当作一种向外展示区域风采的手段。弘前市将开展智慧观光城市项目的建设分两期展开：一期以区域为试点，推广网上宣传；第二期使用移动终端，将归档后的区域信息实时传送出去。

（二）函馆市建设SAVS智慧交通系统

北海道函馆在2011年设立了新的自然项目办公室，致力于打造一座可持续发展的宜居、可持续、经济、交通、能源、环境和安全的智慧城市。函馆在智慧城市建设中从多方面考虑，以函馆旅游业为主体，并与智慧城市的建设相结合。函馆市利用信息化手段，通过交通、医疗、旅游等方式，构建以交通为核心的协同服务系统，努力打造一个宜居的城市。

函馆市的智慧交通系统SAVS（Smart Access Vehicle System）是一个创新的公共交通管理系统。它通过互联网将函馆市上百甚至上千辆公交车进行统一集中管理，并与其他城市的公交公司合作，建立高效的公交系统以满足各公交公司的需求。传统上，日本的公共汽车运营基于固定的线路和时间表，让乘客自主选择出行方式。尽管计程车可以满足点对点的需求，但由于使用方式单一且运营成本较高，在城市旅游运营中仍存在一些弱势。在这种情况下，函馆的SAVS智慧交通系统可以实现公交车和出租车的自由灵活运作，摆脱固定线路和时刻表的限制。出租车则通过增加同乘人员数量来降低之前由于效率下降而导致的高成本问题。SAVS交通系统利用计算机计算出最优方案，实现车辆的合理配备。它通过提前准备各种不同载客量的车辆，比如在需求较少的区域或需求较大的小范围区域内使用大型车辆，从而实现最适合、最有效的车辆配备效果[5]。这样的系统可以缩小公交车和出租车之间的差异，提高运输效率。

由于函馆的运输方式发生了变化，运输需求也发生了变化。为应对这种变化，函馆首先进行了小型试验，观测运输效率与运输需求的变化，然后逐步扩展。日本在函馆进行“智慧交通”试验，最初的目的是在一些小城镇进行试验，一旦成功，就可以把它推广到更大的城镇。

函馆将国家投资的开发资金用于对城市生活的信息技术开发，并使用 SAVS 交通系统来实现函馆城市的智能化，创建了一个以移动技术为中心，覆盖医疗、观光、购物等方面的协作系统。同时，也为智慧旅游的建设和发展提供了有力的支持。

三、信息化条件下旅游转型发展

（一）利用 ICT 技术推进旅游业发展

北陆地区的能登半岛是日本利用 ICT 技术推进旅游业的代表地区之一。为了在 2015 年春季北陆新干线开通之前提高观光服务质量，当地企业界与教育界合作成立了 ICT 奥能登协会。在 2013 年至 2014 年，北陆地区的观光部门面向智能手机用户开展了智慧旅游模拟试验，包括以下五个方面：推进 ICT 活用计划、提供 AR 和多语言支持的观光内容、使用智能手机体验观光乘车旅游、通过大数据分析游客动向并引导游客行为，以及在能登半岛的七尾市实施“ICT 街道推进事业”，创造宜居城市。该地区通过智慧旅游模拟试验获取了一手集约地图分析数据，进而制订了改善旅游体验的具体方案。

（二）利用网络数据掌握游客动向

近几年来，日本主要利用 ICT 技术，以及连接终端的高性能服务器，开展了网上预订业务。网上预订业务在旅游行业，特别是酒店的住宿预订业务服务中最为常见。在互联网技术尚未发展起来的时候，对酒店的调研只能采用现场问卷调查的方式，即便如此，也很难了解到酒店的顾客行为和喜好，而使用在线预订数据可以很好地解决这个问题。

借由网络资料的分析比较，可以得出旅客不同的选择偏爱特性，让游客可以根据自己的需求，来挑选出适合自己的预订计划。若通过网络，有规律、有持续性地搜集资料，则可先发制人，掌握游客的动态。在研究网络数据驱动信息服务的背景下，真实的社会信息被投射到虚拟世界，并经过分析与仿真，将虚拟世界中的人与物的信息特性反馈给真实世界，从而创造出新的价值。在推进智慧旅游发展的过程中，可以利用互联网上存储的生活数据，如酒店预订等进行信息采集，以便推断游客的行为，并根据这些推断来制定相应的旅游政策。此外，还能通过获取游客在线住宿情况的数据，预测旅游业的收益情况，了解游客对住宿费用的偏好，掌握灾害发生地区的住宿情况，以及研究应急性住宿设施等方面的可能性。

（三）分析旅游线路信息掌握游客行动

旅游线路是最能体现出旅游者的价值观念和情感特点，同时也是对旅游者决策起到最大作用的信息。如果能对旅游路线进行清晰的分析，则可以从不同的旅游路线上把握旅游者的旅游动机。每个城市的旅游社团与商业街都是建立在旅游线路资讯的基础上，并在这些资讯的基础上，开发新的旅游项目，提升现有的旅游项目，并对城市的交通线路进行再开发。这些都对旅游城市的形象塑造有很大的帮助。在对游客的旅游行为进行精密解析的基础上，要实现对游客行为的精准把握，制定以数据驱动型信息体系为基础的旅游政策，首先需要制订一个可以反映游客价值观与游客行动特点的游客行为记录集，以此来准确把握游客的行为特征，从而实现更好的旅游服务。

日本至今仍在持续搜集观光资料及有关旅游观光的数据，其中包含由定点观察所得到的重要资讯，以及记录游客个人行为和游览痕迹的详细调查，游客对旅游活动的价值认知与感性认识。日本旅游观光的研究多以此为依据，这些数据具有重要的参考价值。但是，根据以上分析方法所获得的旅游资讯，大多只是一种笼统的、一般性的方法手段，其不足之处在于，不能更贴近人的感性认知。在推动智慧旅游的大背景下，我们面临着无法研究个体价值取向的困境。然而，我们可以通过整合旅游者的个人行为数据和相关资料来为旅游者制订极致详细的、必要的旅游计划，梳理切实相关的旅游政策。从建设旅游城市的角度出发，根据景点的酒店、民宿和交通预订数据情况，可以对各个线路的游客流量进行合理预测，从而使游客集合的多元价值得以充分发挥。

（四）开办艺术旅游的社交 Web 网站

1. 艺术旅游研究项目

在新冠疫情发生期间，日本北海道的访客人数减少，这给北海道的旅游业带来很大的冲击。因此，对北海道进行新的旅游资源的开发与利用，就成了当务之急。最近几年，北海道利用大自然提供更加丰富的户外活动，艺术旅游成了一个流行的主题。北海道札幌为吸引更多的旅游者，在当地设立艺术之森，引入野外艺术创作，整座公园设置了 70 多件艺术作品，提供艺术与手工艺教学课程供友人参观参与。该项目主要分为三个方面：一是在基础研究方面，将野外雕刻作为艺术内容，开发艺术旅游这一新的旅游题材；二是在野外雕刻方面，对野外雕刻进行深入研究；三是在信息发布方面，尝试发布艺术旅游信息。

2. 打造社区网站和数字档案馆

为了促进艺术旅游，北海道开发了一个社区网站，将野外雕刻照片与区域信息结合起来向游客公开。该网站支持艺术旅游相关活动，并致力于智慧旅游的推进。北海道的艺术雕刻智能化涉及两个方面。一方面，数字档案技术被用于半公开地保存宝贵的文化遗产，例如将北海道大学附属图书馆北方资料室所收藏的北方古地图数字化。但野外雕刻作品不易数字化，因为它们是分散的信息，通过建立“北海道雕刻网站”能将作品的相关信息与区域信息紧密联系起来。另一方面，在社区网站添加 HSW（Hokkaido Sculpture Web）模块，其中包括作者、雕刻、展示场所、雕刻照片和其他信息，每个类型都有不同的功能。通过北海道社区网站的帮助，艺术旅游得到了发展，这也反映了日本在发展智慧旅游方面的成果。

第三节　日本旅游数字化实践案例创新点

当前，数字技术和数字经济已成为拉动经济增长的主要引擎之一，正在极大地改变世界经济格局。日本在制定大数据战略、实施开放数据战略、发展智慧城市以及智慧旅游方面有很多值得中国借鉴的经验。

一、大力加强信息化建设

（一）加快大数据战略与开放数据战略的实施

1. 适度增强大数据产业的政策扶持力度

应充分考虑大数据产业的特点，为大数据产业提供有力支持，推动其快速发展和壮大。政府在政策制定和执行中起到重要的引导和推动作用，与企业、学术界和社会各方共同努力，共同促进大数据产业的繁荣与创新。在宏观层面上发挥政府的作用，增加财政投入，设立专项资金，用于支持大数据产业的发展。这包括资助创新研发项目、支持科技企业孵化和加速器计划、提供风险投资和股权投资等。此外，还可以设立税收减免政策，降低企业的税负，鼓励投资和创新。对大数据的关键核心技术攻关、产业链构建、重大应用示范、公共服务平台以及专业加速器等方面给予大力支持，并对其进行明确的奖补方向以及可持续的补贴机制进行完善。与此同时，政府应支持海外资本、大型企业或者民间资本加入大数据相关产业的发展。大数据产业涉及大量的数据积累和创新应用，知识产权保护对于产业的可持续发展至关重要。政府可以加强知识产权法律和执法体系的建设，加大对侵权行为的打击力度，保护企业和个人的创新成果和商业机密。

2. 促进大数据产业的资源开发

一方面，政府要强化数据开放意识，在政府信息和数据公开方面要进一步加大力度。建立数据开放平台，建立共享机制。在建立数据标准规范的同时，保证数据的互操作性、连贯性，方便数据的流通和利用。鼓励创新和数据的跨领域应用，支持依法收集市场交易和社会交往中的信息资源，引导各类社会机构对数据进行整合开放，构建多主体互动的信息收集和共享机制，形成多主体信息交互融合的大数据资源，推动全社会信息资源有序开放、集成共享、有序交易。另一方面，专业机构和行业组织要在广泛开展官产学研合作、推动大数据产业组织间协同创新、搭建大数据开发平台、加快突破大数据关键共性技术、提升国家在大数据领域的竞争力等方面，创新大数据采集方法，提高数据挖掘分析技术和数据利用率。

3. 尽快制定开放数据战略

2019 年 12 月，日本内阁会议决定通过《数字政府实施计划》，明确指出在 2025 年前建成一个让所有人都能享受到信息技术带来的便利的数字化社会，而数据开放是实现这一目标的关键环节。这表明，在日本转变为数字社会的过程中，政府数据的公开已经成了一个重要的战略因素。在《开放数据基本指南》中，日本政府从推进解决公共问题、促进经济发展、提升行政效率、增强民众信赖等角度出发，营造数据开放的环境。在我国建设智慧城市过程中，确实存在信息限制和信息独立的问题，缺乏信息数据开放共享机制和统一的标准。为了解决这些问题，我们应该尽快制定一系列的开放数据战略。通过制定开放数据战略，可以打破信息孤岛，促进信息的流动和共享。建立统一的标准和规范可以确保数据的一致性。政府和各行业部门积极参与和建设网络数据平台可以为数据的共享和管理提供支持和便利。所公开的数据要能够便于检索和利用，根据数据发布机构对数据集进行归档，为数据添加标签以协助用户检索，加强开放数据的开放与开发利用。在制定开放数据战略的过程中，我们应注重数据安全和隐私保护，确保数据的合法、合规和可信度。同时，还应加强相关法律法规的制定和执行，建立健全的数据管理和监管体系。

（二）从现代旅游体验出发建设智慧城市

第一，为了建设智慧旅游云服务平台，实现更高效、便捷、个性化的旅游服务，提升游客的满意度和城市的竞争力，可以引入智慧交通系统，实现交通信息的实时监控和调度，提供准确的交通导航和推荐路线，优化交通流动，减少拥堵和排队时间，提升游客的出行体验。

第二，可以利用数据分析和智能控制系统，实现资源的优化利用和环境的可持续发展。例如，通过智能能源管理系统监控和调节能源消耗，降低对环境的影响；利用智能垃圾管理系统实现垃圾分类和回收，提升城市的环境整洁度。

第三，应该建立面向游客的虚拟现实旅游平台，为游客提供丰富的互动体验和文化交流机会。基于移动终端的游客信息服务也是必要的，包括旅游线路规划、航空酒店服务、出租车服务、电子门票等智能化的旅游服务。为了更好地管理旅游行业，需要建设智慧旅游管理平台，包括旅游行政服务系统、旅游监测预警系统、旅游服务管理系统、旅游安全保障管理系统及旅游决策支持系统。

第四，可以借鉴日本的做法，对入境游客的消费记录进行大数据收集和存储。日本海关对所有进出日本的免税单消费进行记录，这种方式可以有效地掌握消费者行为，并能够进行针对性的技术创新与升级。

第五，可以加强旅游路线信息的汇编和艺术旅游社交网站等方面的建设。

二、提升政府政策效率

（一）政策设计与战略规划的有机结合

政府的基本作用在于整体战略规划，这与中国各地进行的大同小异的旅游规划有所区别。相比于简单的旅游规划，政府需要制订具有整体性的规划，以促进内外部的互动，并与经济社会发展协同演进。日本在战后主要采用政府推动型经济，这种“护航舰队式”的发展模式也渗透到旅游业中。在发展入境游、出境游（如“工作度假制度”“海外旅游倍增计划”等）和国内旅游方面，日本采取了政府推动型旅游发展模式。这种发展模式主要依靠政府规划或制定产业政策来引导和干预旅游业的成长和演进机制，坚持立法规划先行，秉持融合发展理念，完善配套政策系统，改革创新监管模式。

从宏观战略上看，政府于 2003 年首次提出了“观光立国”战略，2006 年日本通过了《观光立国推进基本法》，明确观光是日本重要的支柱。并依据该法制定了《生态旅游推进法》《观光圈整备法》等。从微观措施方面看，日本政府细致入微，通过制定《日本再兴战略》和《观光立国行动计划》，包括 243 项政策措施与三个具体的五年计划来推动旅游的发展。在国际会展旅游方面，他们积极培育全球 MICE 战略城市，并成立了 MICE 国际竞争力强化委员会。此外，他们还制订了扩大 MICE 市场的目标，并策划措施来激活国际会议的淡季。在发展工业旅游业方面，制定了工业旅游贡献的表彰制度，扩大了面向国外游客的服务范围，如通过智能导览、虚拟现实等技术来提供更丰富的工业旅游体验。在发展生态旅游业方面，通过《生态旅游推进法》协调旅游与环境的矛盾，日本政府在生态旅游方面注重可持续发展，利用智能传感器和数据分析来监测和保护自然环境。在发展文化旅游业方面，修改《口译导游士法》，提高导游接待能力的教育水平，采取综合手段迎接国外游客，提高各地对区域文化的认知度。在发展体育旅游业方面，通过 JNTO 建立的出入境旅游数据库共享平台，获得各主要客源市场入境人流和消费细分数据及变化趋势，分析锁定富裕阶层的体育旅游市场目标，详细调查目标国家体育旅游需求，通过智能推荐系统和个性化行程规划来满足游客的体育旅游需求。

（二）提升信息技术，打造智慧城市

为了改善开放数据流通环境，推进产业信息化进程，日本政府多次制定各种政策，引导和支持流通企业积极采用信息化手段，并在设立“流通系统化推进会议”时召集百位企业家、专家学者、政府官员进行了长达 10 个月的磋商研讨，之后政府又为了开放数据可视化进程的建设预算支出高达 2.9 万亿日元。

日本不仅积极发展大数据与实施开放数据战略，也在积极建设智慧城市。日本建

设智慧城市具有三个特点：一是广泛推进，日本全国已有43个县市和地区积极开展智慧城市建设，将其作为国家经济增长战略和重点措施之一。不同城市可以选择不同的智慧城市构架，根据自身需求和发展目标进行选择。二是多样化构架，日本的智慧城市建设涵盖了未来城市环境构架、智慧社区构架和ICT智慧城镇构架三种类型。不同城市可以根据自身特点和发展重点选择适合的构架类型。有的城市可能选择其中的一种构架，而有的城市可能采取两种或更多类型的智慧城市构架。三是智慧城市建设分类，分为行政主导型和区域管理型，二者在规划的对象区域、建设目的、推进主体、地方公共团体发挥的主要作用方面都有所不同。

（三）在建设智慧城市基础上发展智慧旅游

日本发展旅游业比较突出的特点是精准定位与开展个性化服务。如针对不同区域的资源优势开发有特色的、定制的旅游产品，几乎是“一村一品”“一地域一观光”。有的设计了乡村旅游、绿色旅游；有的根据动漫题材发源地设计了动漫旅游；有的根据艺术作品集中地开发了艺术旅游；有的根据自然风景独特性设计了风景旅游；等等。日本旅游业的精准定位是在深入挖掘本国旅游资源、做好旅游规划基础上进行的。

近年来，日本根据不同阶层的旅游消费者特点，设计和推出了个性化旅游，从而促进新型旅游业态的蓬勃发展。旅游消费者的需求从物质消费回归到精神消费，消费倾向从原本的追求品牌、追求工业化产品，转向去品牌化、本土化、地方化的多元化消费观念发展。日本对变化后的消费者特点及其旅游需求进一步划分类型，实现对游客需求的精准把控和满足。

三、切实提升旅游智慧宣传力度

日本政府尤其注重塑造旅游地形象，如构筑“古都”“带有乡村气息的温泉景点”“自然风光”等景点的旅游地印象和观感。由于各个旅游地都保持着自身的特点，因此，游客在选择目的地时往往会受到对当地旅游印象的强烈影响。再加上媒体宣传的强势影响力，如旅游节目、旅游杂志、旅游手册等，对在准备实地旅游的人们来说有非常大的协助决策作用。日本旅游智慧宣传中值得我国借鉴的经验和启示有以下三个方面：

（一）加大对旅游地的宣传力度

日本政府大力宣传日本旅游业。在各国游客进行旅游消费的过程中，他们会被告知有一部分的消费支出会被用于制作当地的旅游宣传材料，并且在几乎所有的公共交通枢纽站点，游客们都可以获得免费的旅游宣传单、导览册、导游图，有些导游图上还会附有多国文字，比如东京浅草寺的中英双语导游图，为海外游客提供了很大的便利。因为是免费提供的旅游宣传资料，出于纪念意义会随着旅游者到达其本身所属的国家和地区，使越来越多的人了解日本风土人情、风景名胜。

（二）打出特色旅游区域“印象牌”

除了关东、关西等都市圈旅游，北海道、九州、四国等各地区各季节也各具特色。北海道函馆市主打汤川温泉度假旅游吸引物，九州以豚骨拉面、回春温泉、变化万千的山峦、静谧的海滩与热情好客的当地人作为旅游吸引物邀请游客休闲旅游，冲绳县推出“本地热带海洋风光”地域风光吸引物等，一县一景，甚至是一村一景，各不重样，打响自身的地域特色，互不抄袭、模仿，以良性竞争招揽游客。日本发达的动漫产业吸引了大批二次元爱好者到“圣地巡礼”，让一些不太知名的取材地成为特色旅游景点。除此之外，日本打造旅游地印象的方式多种多样，既有宣传海报、广播、电影、电视等传统媒体手段，又有互联网、动漫、手机平台、人气偶像宣传 VCR 等新媒体宣传方式。

（三）市场资源与地方政府有效对接

就各地区来说，虽然有很多地区都提出了发展旅游业的策略，但在具体的实施方法和途径上却缺乏针对性、专业性，缺乏手段和资源的整合。因此，要首先确定重点发展区域，在区域内开展深度合作，发掘文化精华与地方文化的独特性，进行品牌塑造。这一过程也是各行业深度合作最终实现产业融合的进程，往往反映在文化、体育和旅游融合发展之中，推动一体化商业服务平台的打造，形成以旅游服务为核心的，融资金、人才、规划、建设、运营等为一体的电子商业平台。在公司研发团队上不断更新，也包括借助收购、并购等措施，实行基于互联网思维、数字经济思维对旅游资源重组与再构造的战略合作。

参考文献

［1］半月谈．日本观光业，不止旅游那么简单［EB/OL］．(2019-08-21)［2023-07-17］. https://m.sohu.com/a/335438377_761681.

［2］魏红江．日本旅游业发展研究［D］．沈阳：辽宁大学国际关系学院，2017.

［3］清研集团．清研智观 | 上海在全国率先上线文旅专业领域“两网”大厅［EB/OL］．(2023-02-09)［2023-07-17］. https://www.163.com/dy/article/HT5LFORK0518TPIG.html.

［4］李彬，王冠宇．日本智慧旅游发展的成功经验［J］．日本问题研究，2020，34(06)：15-23.

［5］国脉电子政务网．日本政府数据开放的政策保障及其启示［EB/OL］．(2020-10-27)［2023-07-17］. https://www.163.com/dy/article/FPUVVAPM0518KCLG.html.

第三章
拉斯维加斯虚拟旅游转型

近年来，虚拟现实技术在旅游领域的应用日益普及，虚拟现实（Virtual Reality，VR）可以将无形的、生动的、互动的和体验性的旅游传递给人们，令人们足不出户便能欣赏美景、体验旅游活动。虚拟旅游基于真实的旅游场所，模拟或构建超越现实的虚拟旅游环境，为游客提供身临其境般的虚拟旅游体验。虚拟旅游既可以丰富旅游活动形式，又能促进实地旅游行为转化，在旅游目的地营销中发挥了重要作用。作为“世界娱乐之都”的拉斯维加斯，是全球领先的旅游目的地。虚拟现实等数字技术的应用将拉斯维加斯打造成“完全重塑的世界”，带给游客超越现实的体验。本章主要介绍美国拉斯维加斯在虚拟旅游转型中的创新做法，总结其旅游数字化发展的成功经验。

第一节　拉斯维加斯虚拟旅游发展现状

一、“Vegas VR”虚拟旅游应用程序

2016 年是虚拟现实元年，拉斯维加斯率先将虚拟现实技术与旅游相结合[1]。拉斯维加斯会展和观光局在 2016 年亚洲消费电子展（CES Asia）上推出了一款名为“Vegas VR”的虚拟旅游应用程序，它带给了人们“将景点搬回家”的颠覆性体验变革，用户只需在手机下载该应用，戴上 VR 眼镜，便能瞬间获取拉斯维加斯沉浸式特色旅游体验。例如，感受拉斯维加斯老城区费蒙街的空中滑索、乘坐贡多拉船欣赏沿岸风景、自驾风景如画的红岩峡谷国家保护区、畅游在豪客摩天轮（High-Roller）酒

店别墅及套房，或在 Marquee 俱乐部尽情豪饮等。“Vegas VR”可以让用户置身于目的地，更为直接切身地体验拉斯维加斯。近些年，拉斯维加斯会展和观光局发布了一系列 360 度全景视频，这进一步调动了人们身临其境的视觉与听觉感受，此外头戴式显示器的应用则让这一体验更具沉浸感。

二、沉浸式创新项目：AREA15 主题公园

拉斯维加斯开放了全球首座体验式零售及娱乐综合型主题公园——AREA15，它是融合新媒体技术的沉浸式创新项目。AREA15 的核心主题为未来科技，项目中涵盖 VR、AR、MR 等现代科技，吸引了众多游戏玩家和科幻爱好者。AREA15 主题公园里聚集着多元体验项目，如沉浸式餐厅、VR 游戏交互区、数字艺术画廊和沉浸式音乐集市等，游客在此不仅能够获得沉浸式的科技游玩体验，还能够享受到完善的餐饮等零售配套服务。AREA15 主题公园中代表性项目为《凡·高：沉浸式体验》，该体验结合 360° 沉浸式投影、立体音效和氛围光，完美展现了凡·高的 300 多款画作，带领游客走进艺术家的神奇色彩世界[2]。此外，AREA15 主题公园中融入了大量科幻电影元素，并借助全息成像等技术呈现给观众。AREA15 主题公园借助突破性技术的尝试、天马行空的游乐空间搭建、震撼人心的艺术氛围等，重新将商业、游乐、艺术融为一体，整合成一个全新的沉浸式空间，为其他沉浸式综合体验空间的打造提供了优秀的借鉴[3]。

三、虚拟现实城市：MetaVegas

MetaVegas 是全球首个虚拟现实城市，于 2021 年 1 月在拉斯维加斯消费电子展期间首次亮相。MetaVegas 旨在彻底改变拉斯维加斯的体验方式，它为人们在参观娱乐之城时选择自己的沉浸程度提供了一种方式。从参观旅游景点到参加音乐会、节日、会议和其他活动，MetaVegas 从根本上改变了拉斯维加斯企业与客户联系互动的方式。

MetaVegas 团队致力于推动拉斯维加斯进入数字化未来，旨在通过使用虚拟现实技术和设计工具来创建逼真的 3D 环境，以打造一个更加可持续的社区，专注于公平、多元化、包容性和可访问性，让人们可以在安全可靠的生态系统中生活、工作和娱乐。2021 年春季，MetaVegas 项目获得拉斯维加斯考克斯商业大创意奖。

第二节　拉斯维加斯旅游数字化实施效果

一、虚拟旅游助推现实旅游计划的落地

虚拟现实是现在最令人惊叹的科技之一，它对游客的真实的旅游的实现有着重要影响。“Vegas VR”营造的虚拟体验可以刺激用户的情感反应，提高用户的兴趣与兴奋度，有助于推动用户去实地探索拉斯维加斯。

拉斯维加斯金沙集团营销高级副总裁凯茜·图尔（Cathy Tull）认为，“虚拟现实代表着度假产业的未来”，游客能够在虚拟环境中探索拉斯维加斯的美好生活，并由此产生冲动——想要在拉斯维加斯展开一场说走就走的旅行[4]。YouVisit（专门提供虚拟现实旅游服务的公司）的创办人及执行总监 Abi Manedelbaum 相信虚拟现实一直都会对现实旅游产生积极的影响，提出“当你在旅游的时候，你会 24 小时不间断地沉浸在目的地中，带给你异乎寻常的独特体验。你不能在虚拟现实中复制这种感觉，但是你可以给人们预览，看看他们将会参观什么”[5]。YouVisit 的分析师发现，超过 13% 的人在体验过虚拟现实旅游后都计划对该景点进行实际游玩。拉斯维加斯会展和旅游局的品牌策略副总监 Caroline Coyle 则表示：“据相关调查研究，大概三分之二的美国游客认为虚拟现实体验将会对他们的出行计划产生影响。”

拉斯维加斯开发虚拟旅游应用程序的举措巧妙地发挥了虚拟现实技术在旅游计划中的积极作用。该程序使游客在较短的时间获得拉斯维加斯酒店等沉浸式特色旅游体验、实现旅游定制计划的落地。通过虚拟旅游的方式，拉斯维加斯正在推动那些原本没有考虑过来拉斯维加斯的人见识拉斯维加斯的美，让想重游之人可以感受到另外一个拉斯维加斯。

二、数字技术提升游客娱乐体验

拉斯维加斯借助数字技术，打造极具科技感、趣味性和社交性的娱乐场景，极大提升了游客的娱乐体验。联盟电竞是全球领先的电子竞技娱乐公司，2018 年在卢克索

酒店开设了一家占地近3000平方米的全球旗舰电竞馆“拉斯维加斯 HyperX 电竞馆”。这个多层的电竞场馆，拥有15米宽LED视频墙的中心舞台、伸缩式的“最佳视角”观众席、24台高清摄像机及哈曼专业音响、超过100台PC及主机游戏站、多个高级顶配的导播间和后期制作室、可供直接录制节目的演播室，给各类锦标赛、联赛和高风险比赛提供了绝佳的比赛场地，为全球玩家带来极致别样的电竞娱乐体验①。拉斯维加斯还拥有世界上第一家机器人酒吧，它就是位于好莱坞星球酒店购物中心的 The Tipsy Robot（微醺机器人酒吧）。机器人可以利用两只机械手臂调制鸡尾酒。客人可以一边品尝招牌或个人定制鸡尾酒，一边与机器人进行互动，观看它们如何调酒，感受十足的数字科技感氛围。

三、数字孪生技术改善城市环境

利用先进的5G网络、尖端的物联网和城市数字孪生技术，拉斯维加斯的城市空气质量、噪声污染、水污染、建筑垃圾等问题都得到了很大的改善。拉斯维加斯是继纽约之后第二个参与“清洁城市——清洁未来”倡议的城市，Cityzenith（数字双科技公司）首席执行官迈克尔·詹森表示：“在我们的众多目标中，我们热衷于展示拉斯维加斯数字孪生项目将如何帮助任何规模的当地建筑业主在几乎没有投资的情况下大幅降低运营成本和排放量。”②项目合作伙伴 Terbine 将来自地方政府机构、建筑运营商、交通系统、车辆制造商等的物联网数据汇集在一起并进行情境化，以提供城市数字孪生所需的大量传感器信息。合作伙伴将在拉斯维加斯举行的年度 CES（消费电子展）上推出“拉斯维加斯数字双胞胎”的首次迭代。Terbine 创始人兼首席执行官大卫·奈特表示：“将我们的家乡城市转变为干净、可持续且更具吸引力的居住和游览场所是一个绝佳的机会，我们很乐意与拉斯维加斯市和 Cityzenith 合作。我们在这里开创的工作代表了其他城市如何为市民实现可持续性和更好生活质量的模板。”

① 会议杂志．前沿科技助力拉斯维加斯旅游体验不断升级［EB/OL］．（2019-07-12）［2023-07-17］．http://www.hweelink.com/articles/656.html.

② 千家网．拉斯维加斯将通过首个物联网数字孪生加速城市转型［EB/OL］．（2021-10-14）［2023-07-17］．http://www.qianjia.com/html/2021-10/14_384446.html.

四、数字技术助力智慧城市建设

拉斯维加斯一直致力于运用智能机器人等前沿科技创新，提升游客体验，做到更加智能化和个性化。机器人管家负责满足客人提出的一系列要求，包括将食品和饮料送到客人房间。先进的技术使得它们可以顺畅地在人和物之间穿行，甚至可以操作电梯。当同时有多个请求时，它们还能通过与酒店的通信系统进行实时无线通信，来实现优先处理。客人在房间内可以通过 Crave 交互式数字平板电脑提交需求，比如下单一杯咖啡，酒店员工在收到请求后，会将客人需要的物品装入机器人的置物舱，输入客人的房间号并点击“GO 出发”按钮。这个经特殊设计的带盖置物舱能防止物品在机器人到达目的地之前被移动。机器人会在抵达客房后致电通知客人，当房门开启，置物舱的盖子便会自动解锁，方便客人取用用品。如此一来，交付不到 5 分钟便可完成，大大提高了酒店客房服务效率。

此外，拉斯维加斯市的物联网网络在多云基础架构上运行，物联网设备包括摄像头、空气质量传感器和 LiDAR 传感器，这些传感器可以收集关于人和交通流量的三维数据以及车与车之间的距离和走向读数[6]。拉斯维加斯市的 LiDAR 检测系统基于思科系统，可以检测逆向行驶的司机和对面行驶过来的车辆，可以发电子罚单并警告建筑工人和行人超速的车辆正朝他们驶过来。警车和消防车也将可以利用数据仪表板提醒路上的车辆注意附近有警车和消防车出现的时间，同时将十字路口的灯变成红色帮助防止撞车意外。此外，拉斯维加斯市在 5G 和物联网方面的投资可以令拉斯维加斯的居民受益，在劳动力发展、教育、能源保护等方面可以帮助社区。例如，拉斯维加斯试图借助物联网传感器收集数据找到某些理想时间，如在公园里人最少的时候，派出清理人员进行维护工作①。

第三节　拉斯维加斯旅游数字化不足之处

拉斯维加斯旅游数字化发展较为迅速，但在其实践中依旧存在诸多问题，如

① 至顶网 . 拉斯维加斯“编织”未来之城［EB/OL］.（2022-08-10）［2023-07-17］. https://cio.zhiding.cn/cio/2022/0810/3143297.shtml.

"Vegas VR"虚拟旅游应用程序只能在线播放VR内容，不能离线缓存，在视频播放的过程当中会存在卡顿的情况，且视频的画质较差；有些观光点的在线功能不可用，影响游客观光体验；网络速度较差致使某些数字化的虚拟云空间页面无法正常打开使用。

此外，虚拟旅游很可能割裂人的社会属性，使体验者产生孤独感，因而提出了配对同游的功能设想。

第四节　拉斯维加斯旅游数字化经验借鉴

一、开发虚拟旅游产品，助力旅游目的地营销

虚拟旅游应用产品以新科技改变旅游业的传播和销售，为游客提供广泛的感官信息，方便游客实现旅游产品的购买。这种网络营销对旅游业非常重要，虚拟现实的体验性质使其成为为寻求目的地信息的潜在游客提供丰富数据的最佳工具。"Vegas VR"虚拟旅游应用程序具有可交互、设备门槛低、不限时空等优点，在拉斯维加斯旅游营销方面发挥着重要作用。丰富且优质的虚拟旅游产品创造了便利的友好型数字体验，并建立了人们对旅游目的地的积极感知，会不断刺激人们的现实旅游欲望和需求，而这些欲望和需求又不断催生出互联网旅游预订和购买。

在旅游实践中，旅游目的地营销应广泛应用数字化技术，着力优化虚拟旅游体验产品，丰富产品内容，立体化和具象化地展示旅游目的地，吸引人们在虚拟世界中自由地交流、互动或探索。此外，旅游目的地应及时了解用户反馈，利用大数据分析用户资料，推出特色虚拟旅游服务，不断更新优化虚拟旅游产品，为游客提供优质体验，以刺激游客实现真正的现实旅游。

二、培育虚拟旅游业态，打造沉浸式体验空间

全面打造沉浸式旅游体验场景，培育虚拟旅游业态，丰富虚拟旅游产品供给。

虚拟现实＋主题公园：拉斯维加斯的AREA15主题公园借助数字技术，将商业、

游乐、艺术打造成一个全新的沉浸式空间。AREA15 主题公园内设计了大量强社交性和沉浸性的活动，例如互动式解谜 Omega Mart、Lost Spirits Distillery 酒厂的品酒与导览、光学 3D 展馆 Wink World、中心的 LED 灯枫树酒吧、虚拟实境 OZ Experience 体验、空中飞索等活动。

虚拟现实 + 博物馆：拉斯维加斯的黑帮博物馆（The Mob Museum）应用程序可以使大众身临其境般观赏博物馆展品，体验互动性和沉浸式的博物馆之旅。此外，黑帮博物馆针对学生群体，特别推出虚拟导览与教育宣传项目。

虚拟现实 + 艺术展：2017 年拉斯维加斯会议和旅游局（LVCVA）委托五位世界知名艺术家以各自独特的风格表达他们对拉斯维加斯这座城市的愿景，五位艺术家联手创作了拉斯维加斯“虚拟现实艺术计划”——《拉斯维加斯：改变您的现实 ™》（*Vegas: Alter Your Reality™, VAYR*）。VAYR 以虚拟现实（VR）的艺术形式展现于人，其令人身临其境的互动内容吸引了众多游客。

三、拓展数字技术应用场景，贯穿旅游全过程

拓展虚拟现实等数字技术在旅游业的应用场景，使其贯穿旅游全过程。

一是游前阶段，借助开发虚拟旅游应用程序增强游客对旅游目的地的形象感知，激发游客的出游意愿。同时利用虚拟旅游应用程序帮助游客进行出游规划，为广大游客提供查询、预览和体验等方面的虚拟现实内容服务，极大减少游客决策时间、降低决策成本。

二是游中阶段，提升旅游公共场所数字化水平，推动数字孪生技术在整个城市中交通、消防等各方面的应用，为游客出游提供优质的环境；推动景区游客服务中心、交通枢纽等公共场所提供沉浸感更强的资源虚拟展示和智慧导览服务，方便游客快捷沉浸式地了解旅游目的地[7]；进一步拓展虚拟现实技术在旅游景区、酒店和文博场所等场景的应用，打造沉浸式旅游体验项目，开发交互式沉浸式数字化体验产品，提升游客的沉浸式体验质量。

三是游后阶段，完善游客在虚拟旅游平台和在线旅游平台中对旅游目的地和虚拟场景的图文点评、反馈与表达的渠道。此外，注重应用虚拟现实技术创作独特旅游纪念品，如利用 VR 技术复刻和重塑游客的旅游经历，为其打造定制化的 VR 旅游影视作品集，进一步延展和深化游客的旅游体验，激发其重游与推荐的意愿。

四、重视数字技术研发，持续优化虚拟旅游平台

虚拟旅游以视觉观赏为主，游客良好的旅游体验不仅来源于虚拟旅游平台呈现的景色，也受平台的网络速度、高清画质、画面转场等技术手段的影响。因此，推进虚拟旅游平台的新型软硬件设施设备升级，以及重视虚拟旅游产品技术研发十分重要。一方面，应加大对虚拟旅游建设项目的扶持力度，着力解决高端虚拟旅游技术开发面临的资金问题，通过鼓励社会资本参与虚拟旅游项目建设以及科研资助、开发奖励等财政政策支持保证技术研发资金，从而支撑沉浸式虚拟旅游平台建设与优化；另一方面，应重视旅游科技人才的培养，鼓励企业与科研院校联合培养数字文旅产业发展亟须的专业人才。

此外，数据加密和数据防泄露等数据安全技术的提升也至关重要，必须要积极研究核心技术，探索构建虚拟旅游平台的数据安全技术解决方案，保护虚拟旅游平台用户个人隐私安全。

参考文献

[1] 天极网．拉斯维加斯发布虚拟现实体验 Vegas VR APP［EB/OL］.（2016-05-12）［2023-07-17］. https://hd.yesky.com/337/102393837.shtml.

[2] 搜狐网．拉斯维加斯 15 区，全球首座专业沉浸式体验综合体［EB/OL］.（2021-12-20）［2023-07-17］. https://www.sohu.com/a/510353223_121124642.

[3] 大地风景．这才是真正的沉浸式体验商场！［EB/OL］.（2023-05-22）［2023-07-17］. http://www.sydcch.com/shangyedichan/chengshizongheti/2023/0522/9194.html.

[4] 龙景园网．虚拟旅游经典案例：虚拟拉斯维加斯［EB/OL］.（2019-01-28）［2023-07-17］. https://www.bjljy.net/xnly/xnlyztyj/9930.html.

[5] 映维网．虚拟现实是如何改善现实旅游的［EB/OL］.（2016-04-24）［2023-07-17］. https://m.sohu.com/a/71260882_213766.

[6] 丛琳．拉斯维加斯市建设智慧城市的系列举措［J］. 城市管理与科技，2018，20（04）：92-93.

[7] 吴丽云．以“四新”路径推动虚拟现实与旅游深度融合［N］. 中国旅游报，2022-11-16（003）.

第四章
杭州城市智慧文旅系统

第一节　杭州智慧文旅系统建设背景

2010 年，“智慧旅游”这一创新性概念被提出。原国家旅游局在 2014 年将我国旅游主题命名为“智慧旅游年”，这一举动标志着我国智慧旅游时代正式开启。2015 年，我国颁布了《关于促进智慧旅游发展的指导意见》，该文件明确智慧旅游是旅游市场现实需求同现代信息技术相互结合的成果，也是推动我国旅游业创新发展的新趋势和新动力。2020 年 11 月 30 日，国家发展和改革委员会、文化和旅游部等十部委印发了《关于深化“互联网 + 旅游”推动旅游业高质量发展的意见》，在中国新的发展格局下，为“互联网 + 旅游”提供更大的政策支撑。

疫情催化旅游业智慧化发展。后疫情时代，文旅行业的恢复情况俨然已经成为一个国家经济是否复苏的重要标志。与此同时，疫情催化甚至驱使政府、企业、社会管理部门进行了全方位的数据化，“无接触服务”“智能导览”“虚拟现实”与“数据监测”已经成为各个旅游企业与景区建设、营业的基础要求[1]。从实际中美团推进的智慧交通出行（智行码）、公共场所线上管理（安心码）、疫情防控通行（畅行码）到餐饮、宾馆、景区的“无接触”服务产品，旅游业全产业链的智能化程度将大幅提升中国智慧文化旅游的发展水平，为中国在线旅游平台的发展助力。

数字技术催化文旅产业提质增效。随着文化与旅游行业的数字化进程加速，数字经济加快了其内容与形式上结构性变革的产生。各类信息、内容产品的数字化，促进了相关行业的相互联系，带来了数字产业与文旅行业的深度结合，形成了许多新的旅游业态和经营模式。旅游业的应用场景极为丰富，有较强的跨界实力和巨大的产业规模。在数字技术的推动下，衍生出许多新的业态和产品，构成了以数字文化产品带动上下游产业的发展新模式。

信息技术优化旅行质量。5G、云计算、大数据、人工智能等信息技术在旅游产业中的应用可以使中国旅游业的整体服务水平得到显著提高。利用信息化手段，旅游目的地可以有效地提升旅游产品的服务效率，并通过旅游方式的创新来优化旅游品质。

第二节　杭州智慧文旅多方位系统建设

一、城市大脑文旅系统·多游一小时

杭州的城市大脑系统率先在交通拥堵领域进行了尝试，该系统突破了体制壁垒、行业界限、部门区划限制，并拓展到了旅游等各个方面。文旅系统将城市大脑中心作为基础，是杭州城市大脑的六大行业系统之一。该系统将“线上数据跑、用户线下游”作为建设理念，使用云计算、大数据、物联网等新兴技术手段作为主导，依托于旅游业实际业务中复合多元的场景，将支持政府决策、企业运营管理以及公众服务等智慧化场景为发力点，叠加公众出行、城市治安、交通管理等业务协作，将枢纽、景点、酒店、车、人等方面的数据串联，通过对景点周边的酒店进行分析、对前往景区的客流进行检测等，助力文旅产业提质增效。

杭州城市大脑系统极大地提高了杭州的各种资源配置效率，系统包含交通管理、警力资源配置、泊车服务等各种功能，这不仅大大提高了杭州的管理水平，而且为杭州的文化和旅游业的发展奠定了良好的基础，也为城市智慧文旅系统的使用和发展提供了强有力的支持。杭州城市大脑文旅系统通过数据聚合、协同管理、网络服务等方式，不间断地为游客提供全方位的深度体验场景。

“多游一小时”是通过数据聚合、协同管理和在线服务来优化城市旅游资源配置，它是文化和旅游系统在公共服务层面的具体实践。重点关注游客出行、酒店入住、景区进入和消费引导，促进精细化管理，旨在解决旅游治理领域的“痛点”，如人群排队和旅游占比低等，全面优化来杭游客的旅游体验。

“多游一小时”共有五大便民服务场景，其场景覆盖面与使用率在杭州城市大脑

的多个应用场景中名列前茅。截至 2021 年 12 月，杭州 759 个宾馆已实现 30 秒入住，累计接待 1707 万名旅客；实现 20 秒景点入园的景点和文化场馆共计 217 家，共接待游客 3775 万人次[2]。每个应用场景的背后，都是在不同平台上迅速汇集的数据。以 30 秒入住为例，一个简易的自助入住机，在它背后有 8 家自助机设备商，4 大人脸识别企业，20 余个 PMS 与门禁服务提供商通力协助，从而实现客流数据、住宿数据、用户画像等数据的实时采集，进而在根本上解决文旅数据资源碎片化的问题。然后，利用城市大脑的计算能力，与交通、公安、环保、城管等部门进行数据交互，实时监测酒店入住、停车泊位、空气质量、交通运行等综合情况，全面推动有关的部门数据向文旅系统快速聚集。

二、智慧文旅服务平台打造文旅生活服务圈

（一）建设背景：百姓个性文化体验与旅游服务需求的满足

杭州市文化和旅游发展中心（杭州市旅游经济实验室）为杭州智慧文旅服务提供了“一个阵地”，即文旅公共服务阵地；“两个融合”即线上线下融合、文化旅游融合；聚焦“三个维度”，即聚焦文旅“最后一米”的温度、城乡均等化共同富裕的高度、聚焦家门口精神家园的厚度；建设“四个空间”，即智慧旅游公共服务空间、智慧文化公共服务空间、智慧便民服务空间、智慧文旅宣传空间；构建“五个体系”，即管理体系、队伍体系、活动体系、数字文旅场景体系、标准化服务体系，深入挖掘整合本地文化以及旅游资源，满足人民群众个性化文化体验及旅游服务需求[3]。

（二）四个空间实施情况

1. 智慧旅游公共服务空间

通过“i”杭州文旅（咨询）服务中心试点建设，建立文旅空间管理、人才培训、培训专家、文旅服务志愿者等体系和机制，让智慧文旅服务场景触达市民游客。

依据线上的杭州市地图，对市内的文化场所、景点、厕所、酒店、停车场等城市资源进行整合，为旅游者提供行程规划、导游导览、景区文旅活动、下辖区县智慧旅游等在线服务，游客既可以在手机上对相关业务进行预订与使用，也可在咨询店内询问服务人员，在他们的帮助下进行线路查找、入园预约等，提升自己的旅行体验，享

受智慧化行程服务。

智慧文旅服务平台将线上的一张地图延伸扩展至线下的实景空间，凭借旅游资讯公共服务网站，将传统的面对面服务转变为线上的信息触达服务，统筹线上线下信息从而促进公共服务的提升。

2. 智慧文化公共服务空间

聚焦文旅融合、主客共享，改造传统的旅游咨询服务空间，增设智能化服务设备设施，打造博物馆预约、文化活动预约报名、图书一键借阅、在线悦读、社区文旅服务等线上服务功能体系，整合“家门口的图书馆”“家门口的电影院”“家门口的博物馆”等服务矩阵。自平台建成以来，已在线上开展10家旅游信息咨询中心试点，设立图书阅览区；开展读书沙龙、艺术交流、电影等各类文化活动百余次，为广大人民群众的精神和文化生活提供了极大的便利。

3. 智慧便民服务空间

在对全市的文化旅游资源进行大数据分析的基础上，杭州对咨询点的网络布局进行了优化，进一步完善了便民服务。大力促进残疾人专用通道等无障碍设施的建设，免费租用雨伞、拐杖、轮椅、放大镜、针线包、医药箱等。组织开展“一杯水”公益行动，为环卫工人等户外劳动者提供休息的空间和免费的饮水。

利用在线查询游客的实时位置，市民和游客可以利用人机交互服务或咨询服务点工作人员并寻求帮助，从而快速查找图书馆、文化馆、城市书房、景点酒店、公共厕所、周边停车场等场所的位置和最新的活动信息并通过线上预约报名。

4. 智慧文旅宣传空间

借助旅游咨询服务点的户外大屏、电视、触摸屏等设施对本市的文旅资源自行宣传，充分发挥相关基础设施的作用。以建党百年为主题，结合文旅服务，举办百场“走读杭州五色行”，并策划三条红色旅游线路，组织广大市民群众参观红色学习。

组织公益组织、社会团体和各类文旅活动入驻咨询点。发掘杭州的历史和文化，进行文旅体验活动；与团市委、高校、杭州市环保志愿者队伍共同组织开展以环保、亚运、文明旅游、素质提升等为主题的文旅志愿服务的宣传活动。

三、“一键借阅”公共图书馆线上服务新模式

杭州文旅局的“一键借阅”模式，将图书馆文献资源、数字资源、书店与书商的

新书资源整合在一起，构建了一个全方位、多场景的图书馆综合服务网络。不管是杭州市民，还是来杭的旅客，只要登录杭州“一键借阅”，就能随时随地地享受“手指点点，百万免费数字资源”“手机下单，纸本图书快递到家”的新型图书馆服务。这一模式为人们在杭州的学习生活提供了极大的便利。

2021 年 8 月，新版的“一键借阅”2.0 正式上线，为杭州市民提供了一项线上免费借阅服务：每月 23 日，在杭州“一键借阅”平台上不仅可以免费地借阅图书，首单还可免邮费。在活动开始初期，杭州图书馆和上城、西湖、桐庐、富阳 4 个区县的 5 个图书馆，便已向公众开放了 10 万多本图书[4]。凭借对服务的迭代和技术的升级，“一键借阅”一体化平台，将杭州图书馆原有的在线服务系统与现有的 13 个市级公共图书馆资源进行了整合，让读者可以“一键”使用，实现了移动版的资源共享[5]。杭州“一键借阅”图书馆将每年一度的“世界图书日”改为每月一次的“阅读日”。

文化就像水，滋润着一座城市。2.0 版本的“一键借阅”模式，也被人们称为“阅读杭儿风”神器，提供给杭州的读者免费阅读新书和好书的机会。这是 2021 年杭州文旅数字惠民服务的重要举措，以市、区一体化建设、全域资源共享为理念，以数字技术赋能为手段，构建一体化的公共图书馆服务平台，建立了“1+13+X”的服务模式，即一个市级中心馆，13 个区县级馆，N 个书商、合作书店、物流公司等[6]，把图书馆的馆藏文献资源、数字资源，书店和书商的新书资源，以及物流公司的服务能力深度整合，形成全域覆盖的图书馆服务网络，实现多个跨场景联动。

第三节　杭州数字化实践案例

一、智慧景区：杭州西湖风景区

杭州西湖景区管委会于 2019 年与高德地图联合推出了“西湖一键智慧游”，这是为打造“中国数字第一景”而设计的一款产品。该产品为游客提供实时路况检测、游客洞察、智能预警等数据，为游客提供行前、行中、行后全程的旅游服务。除此之外，该产品还提供“文化史记两日游”和“茶文化之旅”两种主题玩法，游客不论是想游览“苏堤春晓”“曲院风荷”等经典景点，还是想参观“龙井问茶”“万松书院”

等新兴景点，都可以在“智慧游”上一键规划。同时，高德地图也将旅游急需的停车场、微笑服务亭、公共厕所、最佳观光点等重点标注出来，方便游客快捷查找。目前，西湖风景区 50 余处停车场、3000 余处停车泊位信息已相互连接，形成一张停车场网络，该产品可对停车场余量进行实时动态监测，为广大游客提供更快捷、更具参考价值的出行信息。同时，景区还提供了交通预测、停车信息查询、停车引导等功能，使西湖旅游的智能化出行得到了全方位的提升。与此同时，景区内还配置了紧急呼叫系统，直接接入公安指挥中心，实现一键救援，让急救工作更加迅速。

杭州西湖风景区运用数字化技术在景区景点方面实现了 6 个方面的突破：

（1）数据更精准。西湖景区上下齐心协力，花了两个多月的时间，将高德地图上的新增服务功能全部添加升级，梳理、整合了 11 000 多条信息。

（2）信息更权威。西湖官方景区为本次上线的各项数据“打包票”，确保游客能够安心地享受旅游过程。最关键的是，高德地图还开通了西湖景区的官方账号，如果有什么问题，可以立刻进行官方修改。

（3）体验更直观。在项目开始的时候，高德地图与西湖风景区便达成了一致意见，那便是打造中国数字第一景。这次推出的产品，是全国第一个手绘地图全域覆盖的景区。来西湖旅游的人，不仅可以在线下欣赏风景，也可以在线上欣赏作品，与此同时旅游者可以根据自己的个人爱好选择喜欢的明星陪伴自己的全部行程。

（4）内容更丰富。在“西湖一键智能游”中，除了传统的道路、服务设施等，还对 200 多千米的山地游步道进行了离线测量，这在全国范围内还属首次。该产品还在 44 条游道入口处都安装了二维码，方便人们扫描二维码下载，让市民和游客在旅游行程中畅通无阻地感受西湖的群山之旅。

（5）服务更温馨。此次西湖景区还将重点放在了旅游者需求最多的停车场、微笑服务亭、公共厕所、最佳观光点等，这些地点都在高德地图上进行了突出显示，方便游客一键选择。

（6）救援更及时。保障旅游安全是游客的需要，也是景区的难点所在。这一次，西湖一键智能游的上线，将一键救援电话直接接入到了公安指挥中心，在国内的旅游景点里都是很少见的。这样一来，警方就能迅速地安排警力，视频追踪，现场救援，为游客提供最大的保障。

总体而言，“西湖一键智慧游”是智慧景区的样本，是数字技术在景区实际操作中的大胆尝试与应用，未来应向全国多家景区推广，让更多的游客享受智慧旅游的过程，体验“一只手机游天下”的便捷化旅游。

二、沉浸式目的地场景：杭州宋城演艺公园

沉浸式目的地场景主要指景区、主题公园等通过场景塑造、科技融入、主题串联、特色活动等为游客塑造沉浸式空间。1997 年开园的宋城演艺公园是中国老牌旅游景点，其中号称“一生必看的演出”与“世界三大明秀”的《千古情》系列演出是宋城主题景区系列的核心产品。而除了这一核心演出外，宋城演艺公园在疫情闭园期间将文化元素不断延伸，丰富内容种类，勇敢尝试新的经营模式。从“一台剧目、一个公园”的千古情模式向“多剧院、多剧目、多活动、多门票”的演艺王国模式转型升级[7]，延伸、扩大消费市场，面向更多的人群。

宋城景区在疫情期间针对产品做出了以下几点调整：

一是表演剧目更丰富，内容更多样。杭州宋城景区在《宋城千古情》的基础上，先后推出了包含怀旧剧《喀秋莎》、全息剧《幻影》在内的多种表演剧目，实现了从单一剧目到多台剧目的转变，从单调的歌舞表演模式到沉浸式、互动式、走动式等多种演艺类型的发展转变。形式多样的剧目，不仅扩大了景区的受众群体，也更加符合目前阶段旅游者对旅游演艺的新期待与新需求。

二是场地与演出有较高的匹配度，并建立剧院矩阵。杭州景区深入发掘目前的资源，开放不同种类与不同性质的演出场馆，并新建悬崖剧场、森林剧场、水上看台等，以实现更好地让游客沉浸在演出中，给他们一种独特的观看体验。

除了对产品进行丰富之外，为了让游客获得更好的享受，宋城景区在丰富游客体验上同样做出了不少尝试：宋城演艺已逐步开展了一系列针对不同群体的表演活动，如闺蜜宋城、亲子宋城、国潮宋城、狂欢宋城等，勇敢尝试创新活动，提高游客的旅游体验。集团旗下的各个景区主动积极，依据自身情况与条件，结合产品特点和当地市场需求，对产品的内容与形式进行创新，主动开拓多元化跨行业合作，塑造网红打卡点与演员。宋城景区打造的“杭州宋城奇妙夜”不拘泥于传统风格，而是将可爱的动漫 IP 融入万圣节元素，借助对主题街区的焕新包装，结合现有的网红打卡点，打造形式多样的体验交互活动，获得了许多亲子家庭与动漫迷的青睐，让人们看到不一样的宋城。

在探索表演艺术内容的同时，宋城演艺也十分重视科技、表演内容以及公园管理

的相互融合。自助购票、AR、VR、全息影像、3D 投影、人脸识别等科技手段被广泛地应用在演出的全过程。2020 年 6 月 12 日，宋城旅游的小程序 1.0 版正式上线，功能包括购票、餐饮休闲、游客咨询、信息查询、公园导航等，从购票开始，到游玩行程结束，为旅游者提供一站式服务，大幅提升了旅游者的满意度和体验感。

借助丰富的可沉浸式产品，旅游者的浏览时间增加，旅游者的体验感得到加强。旅游者与景区整体构成了一个热热闹闹的宋城街区，旅游者可以在其中直接闻到臭豆腐的味道，听到小贩吆喝声等。主题商业叠加复古街区进一步加深游客沉浸式体验的感受，给旅游者一种穿梭回古代的感觉。宋城古街区，自打造街区场景开始，到配置商业业态与呈现产品，都以中国古镇作为核心主题，为游客提供了一种沉浸感。

三、VR/AR+AI 的创新应用：萧山智慧・城市馆

杭州市萧山智慧・城市馆，是一个以 VR/AR+ AI 为基础的智慧展馆。通过人工智能、全息投影、沉浸式 AI 交互、AR 增强现实等现代数字技术，对萧山全市的发展脉络、文化特色和城市数字化建设的成果进行展示。这个展馆是一个集科普教育、特色旅游、城市展示等多功能于一身的复合型城市展览馆[8]。

展馆的 AR 导航系统以视觉定位技术为基础，凭借高精度地图和同步定位与建图（SLAM）实现。AR 全域多人交互城市沙盘，则利用 AR 虚拟内容与实物沙盘的堆叠技术，构筑一个完整的空间元素。作为一个有生命的智慧展馆，它主要是利用 AIOT（人工智能 + 物联网）中枢，对“人、车、物、地”等维度进行智能感知；同时，利用 AI 的深度学习算法，实现了智能的辅助决策。在此基础上，利用大数据量表与人工智能深度算法的分析，提出了一种基于人脸属性特征的个性化道路设计方案。

利用上述人工智能技术，该展馆以科学的技术手段，将萧山“奔竞不息”的城市精神全方位地呈现出来，为基于 VR/AR+ AI 技术的智慧展馆、智慧体验馆、智慧博物馆、城市会客厅的新一代场馆的建设做出了榜样。

第四节　杭州智慧文旅系统经验借鉴

杭州拥有完善的成果转化链，以创新型企业、高科技企业、大型互联网公司等为

依托，杭州科技成果产业化的道路不断畅通，产业链、知识链、创新链不断打通、延伸。杭州正逐步建立起以企业为主体、以市场为导向、产学研结合的开放区域创新生态体系。具体来看，杭州智慧文旅系统实施有以下几点值得借鉴：

一、顶层设计打下制度基础

杭州于2012年被原国家旅游局确定为“国家智慧旅游试点城市”，并于第二年正式实施“智慧旅游”建设。2013年，杭州市旅委牵头起草了《杭州市“智慧旅游”系统顶层设计（2013—2017年）》《杭州市智慧旅游行动计划（2013—2017年）》以及有关产业规范，明确了杭州智慧旅游建设的总体目标、主要任务、具体步骤和保障机制。政府在智慧旅游建设中的角色和任务逐步从前台建设转向后台管理，工作重点从具体项目建设转向数据平台建设。

杭州文化广电旅游局为促进杭州数字文旅新的消费，成立了杭州市文化和旅游发展中心，主要承担文旅信息系统的建设、维护和日常管理，并负责促进杭州市文旅产业数字化与信息化发展，城市大脑文旅系统的建设、维护、应用场景拓展等有关事宜。在“十四五”规划中，杭州市明确提出了要把智慧化水平作为2025年要考察的一项具体的旅游发展目标[9]。杭州市积极落实国家、省、市的科技新政策，不断促进科技创新结合，不断集聚科创领域的高端人才、技术和资本。

杭州市出台了许多有关智慧旅游建设的政策，并成立专责机构负责整个城市的文旅系统建设，从顶层设计层面为杭州市数字化城市建设提供制度保障，这也为杭州文旅系统最终能实现的多部门联动打下基础。

二、技术优势助推城市智慧化旅游建设

智慧文旅是以特色文化为内在驱动力，以现代科技为主要手段，利用5G、人工智能、物联网、大数据等新时代信息技术，实现“文化＋旅游＋科技”融合而形成的数字文化旅游新业态。这一新业态围绕旅游管理、旅游体验、旅游营销、旅游服务、旅游信息传播等智慧化实践，具体实践需要借助数字技术作为支撑。

（一）具有良好的科创氛围

杭州市汇集了阿里达摩院、西湖、良渚、之江、湖滨等高端科研平台，且包含浙江大学、西湖大学在内的高水准研究型大学均位于杭州。此外，2016 年，杭州创设城西科创大走廊，为其提供重大科技基础设施集群、前沿实验室、企业创新场地等，将吸引更多人才来杭，大大提高杭州的科技攻关实力，为产生更多具有自主知识产权的创新科技成果奠定基础[10]。

（二）领先布局云计算产业，打造数字产业化发展的前沿阵地

杭州在区块链、大数据、云计算、人工智能、网络安全、工业互联网等重要领域都取得了快速的发展。杭州高新区是由国务院批准的首批国家级高新技术产业开发区，自成立以来，该区在数字产业领域深入发展，已成功培养了海康威视、新华三、大华等数位数字经济行业龙头，已成为产业链完整、技术优势明显的产业集群发展的典范，全社会研发投入占 GDP 的比例和万人发明专利授予数量都处在全国的前列。

伴随着国内第一个云计算产业小镇——云栖小镇的建成，杭州已经成为国内云计算产业的领头羊，以阿里云为代表的云计算公司在杭州整体城市数字化、智能化升级方面起到了关键作用，同时也为杭州智慧文旅的发展提供了强大的技术支持。2016 年，杭州市和阿里云联手打造了杭州的“城市大脑”，利用云计算、大数据等技术，解决了很多困扰市民的生活问题，从交通拥堵、看病不易等民生问题，逐步扩展到旅游出行、景区管理等涉及百姓生活的方方面面。

现如今杭州在电子商务、云计算、大数据、数字安全等方面已经拥有具备全球影响的产业。杭州聚集了电子商务、物联网、云计算等领域的领军企业，是全国最有能力发展智慧旅游的城市之一。数字化旅游建设离不开强大的数据支撑，各城市应依据自身基础，着力布局数字化产业，吸引数字化建设人才，保证城市数字化旅游的顺利转型。

三、营造“主客共享”的文旅公共服务空间

信息的不对称是旅游业发展中的主要难题。杭州在提升改进旅游咨询机构功能的基础上，利用“杭州文旅一张图”小程序进行旅游数据整合和平台搭建，有效解决了

目的地信息和服务渠道分散以及游客入园难、出行难、停车难、“方便”难、住宿难等实际问题之间的矛盾，为旅游者提供高效快捷的一站式文化和旅游综合公共服务。市民游客依据移动电话定位服务或询问咨询点，可以轻松地知道 1.5 千米以内的城市文旅活动，并可按个人喜好和需要登记参加；通过对旅游路线的查询可以实现对行程的智能规划，进而实现自助向导和自主计划。

为了让游客能在疫情期间更方便地出行，杭州启动了“文旅一码通”场景的建设，现如今这已经是一项国家文化和旅游科技创新工程项目。该项目将健康码、地铁码、公交码、预约码、景区入园码等多种码合一，在全国率先实现“吃住行游购娱”一码畅通。除此之外，目前该项目在出行和住宿方面还连接了杭州市所有公交、水上巴士线路、地铁等，覆盖了 100% 的交通场景；杭州市还将不断完善“文旅一码通”的服务，让旅游者可以实现利用“文旅一号”进行宾馆预约，点击小程序，即可依据自己所处的位置实现“一键找房”，解决杭州在节假日期间“一房难求”的问题[11]。

杭州智慧文旅服务平台不仅构建了以服务为基础的可使用的、可靠的集成数据共享平台，实现了多部门的应用场景叠加以及个性化的旅游信息服务，还围绕“兜住底，能兼容”的目标，让技术更有温度、服务更人性化。杭州坚持“两条腿”走路，让智能管理更好地适应数字转型过程中的弱势群体，同时不断地改善传统的服务模式，以体现社会的温暖，彰显共同富裕的内在要求。

四、让文化和旅游真正融合在一起

积极推动传统旅游咨询服务网点与文化产业资源、公共服务对接，将文化与旅游元素深度融合。要充分发挥政府平台的带头引领作用，带动各类圈层组织、社会资源共同投入文旅融合咨询点建设，通过提升硬件空间水平，拓展服务场景、丰富服务内容，让杭州智慧文旅服务平台真正成为文旅融合发展的新典范，将其进一步打造成为文旅融合发展的新范例。

五、实现“线上 + 线下”的联动发展

杭州市通过对系统中的景区的导航和实时流量的监测功能，让管理部门在节假日等旅游旺季期间，对市民游客的出行进行引导，从而减少交通堵塞。

借助建立覆盖杭州全市的旅游咨询点、热线、网站等服务组织和信息传播媒体，管理部门能够在最短的时间内收集到游客反映的“原始”信息，从而了解游客的需求，把握市场走向，为管理部门做出管理决策提供有效保障。这一措施提高了政府在宏观调控、市场服务等方面的职能，并且在吸引客源、引导市场发展方面发挥了积极的作用。

当然，尽管线上文旅服务具有高效、便捷等优势，但是，线上服务始终无法彻底替代线下的体验与温度。未来的文旅服务必然是线上与线下的相互连接，构成服务的闭环。线上线下的信息服务将为市民和旅游者提供“一站式”的文旅业公共服务，满足人们全方位的信息需求。在规范化、精细化、个性化、标准化方面，依托人工、智慧大屏和VR技术，为游客提供更加直观的文化和旅游体验服务，使服务更加多元化、智能化和人性化。

参考文献

［1］中央财经大学绿色金融国际研究院．健康金融｜我国智慧文旅产业发展现状及政策建议［EB/OL］.（2021-01-22）［2023-07-15］. http://iigf.cufe.edu.cn/info/1012/3667.htm.

［2］杭州网．文化旅游体验场景升级，线上流量变“留量”数智文旅向未来［EB/OL］.（2022-01-15）［2023-07-15］. https://hznews.hangzhou.com.cn/chengshi/content/2022-01/15/content_8145617.htm.

［3］中国旅游新闻网．杭州市智慧文旅服务平台打造文旅生活服务圈［EB/OL］.（2022-01-30）［2023-07-15］. http://www.ctnews.com.cn/content/2022-01/30/content_118668.html.

［4］浙江政务服务网．“一键借阅”又推福利［EB/OL］.（2021-08-23）［2023-07-15］. https://www.hangzhou.gov.cn/art/2021/8/23/art_812270_59040671.html.

［5］杭州市文化和广电旅游局．杭州图书馆“一键借阅”一体化平台正式上线啦！［EB/OL］.（2021-07-29）［2023-07-15］. https://wgly.hangzhou.gov.cn/art/2021/7/29/art_1692916_58937122.html.

［6］杭州网．文化旅游体验场景升级，线上流量变“留量”数智文旅向未来［EB/OL］.（2022-01-15）［2023-07-15］. https://hznews.hangzhou.com.cn/chengshi/content/2022-01/15/content_8145617.htm.

［7］中国旅游新闻网．宋城演艺：探索“演艺王国”新模式［EB/OL］.（2021-07-

27）［2023-07-15］. http://www.ctnews.com.cn/zt/content/2021-07/27/content_108890.html.
［8］浙江政务服务网 . 萧山智慧 · 城市馆惊艳亮相［EB/OL］.（2021-07-22）［2023-07-15］. https://www.hangzhou.gov.cn/art/2021/7/22/art_812264_59039244.html.
［9］杭州市文化广电旅游局 . 杭州市文化广电旅游发展“十四五”规划［EB/OL］.（2021-12-15）［2023-07-15］. https://wgly.hangzhou.gov.cn/art/2021/12/15/art_1229278313_3979883.html.
［10］中国信通院 . 中国区域与城市数字经济发展报告（2020 年）［R/OL］.（2020-12-26）［2023-07-15］. http://www.caict.ac.cn/kxyj/qwfb/ztbg/202101/t20210104_367593.htm.
［11］中国新闻网 . 杭州市文旅数字化改革：一键找酒店找导游借图书［EB/OL］.（2021-11-10）［2023-07-15］. https://www.chinanews.com.cn/cj/2021/11-10/9606577.shtml.

第二篇

智慧旅游景区篇

第五章
百年故宫的现代智慧

博物馆作为融合中华民族优秀历史文化和自然文化的宝库，承载着传播人类历史文明和宣教科普等重要的社会职能，是大众系统了解、深入学习中国历史文化知识的重要场所，更是一个国家、民族、地区的文化标志物，是文化形象的展示载体。

近年来，科技创新持续推动博物馆数字化和智慧化建设，诸如移动通信、区块链、人工智能、虚拟现实等数字技术的不断被应用于博物馆数字化建设，这使博物馆更容易访问和参与，也为博物馆文化传播形式提供了新的可能。北京故宫博物院作为世界文化遗产、中国最大的古代文化艺术博物馆、国家 AAAAA 级景区，在智慧博物馆建设方面一直走在前列。

第一节　北京故宫博物院简介

北京故宫博物院建于 1925 年，别名紫禁城，占地约 100 万平方米，保存了约 9000 间古建筑，是中国规模最大、保存最完整的古代宫殿建筑群，1987 年被联合国教科文组织列为“世界文化遗产”[1]。故宫博物院院藏文物体系完备，包括但不限于明清两代的旧藏，院内现有藏品总量多达 180 余万件（套），以明清宫廷文物类藏品、古建类藏品、图书类藏品为主，依据不同质地和形式共分为 25 种大类别，堪称艺术的宝库[2]。

办院以来，故宫博物院积极探索数字技术在藏品保管、研究、保护、展示以及社会教育、公众服务甚至博物馆行政管理等多领域的应用，不断用数字科技推进文明破壁，实现了科技与人文的融合发展，创新与传承的联动，为全球文博的数字化建设提供了中国经验[3]。

第二节 北京故宫博物院数字化实践历程

1998年，故宫博物院紧抓时代契机，正式开展数字化工作，经过20余年持续深入探索，故宫博物院现已形成较为成熟的“数字故宫”社区形态。回首其数字化建设历程，大致可分为以下几个阶段：

一、第一阶段：探索文物保护、管理、展示数字化

1998年，故宫博物院第一次明确数字化概念，提出建设“数字故宫”，并借互联网、数字技术发展的契机，创建了当时的资料信息中心，开创了我国博物馆数字化建设的先河。1999年，故宫博物院在文物数字化的构想下引入数字摄影，获取了文物和建筑的二维图像，并建立了文物管理信息系统，从此每一件文物都拥有了“数字户口”，完整、准确、真实且永久地保存了包括名称、尺寸、鉴定信息、二维图像等在内的文物信息[4]。之后，故宫博物院又在文物管理信息系统之上建立了一套动态的文物流通系统，使文物流通环节更规范、可溯源，极大提高了文物管理工作的效率。为打破二维展示的壁垒，2002年，故宫博物院开始重点研究三维可视化技术在文物保护和展览展示中的应用，2005年，文物的三维图像正式以电子画廊的方式呈现在公众眼前。

二、第二阶段：建设文化遗产监测平台

从2010年开始，故宫博物院便开始着手建设文化遗产监测平台，首先确定了以不可移动文物为中心的监测框架，文物建筑、室外陈设、古树名木、环境质量、基础设施、安全防范、非文物建筑、游客动态等内容全部被纳入监测范畴；并相继完成包括气象信息、环境信息、午门城台沉降信息、游客流量信息在内的多维度信息监测，同时，可移动文物的文物管理数据库、安防技防数据库也已全部被纳入文化遗产监测平台[5]。

三、第三阶段：初步建设数字故宫社区

基于已有的数字化建设经验，故宫博物院探索出一种全新的展现形式，即将故宫文化内涵与现代科学技术和互联网平台充分融合，搭建“数字故宫社区”，打造虚实结合的内容聚合平台。数字故宫社区的架构囊括了社交广场、文化展示、资讯传播、参观导览、学术交流、公众教育、休闲娱乐、电子商务 8 个板块[6]。

1. 社交广场

自 2012 年，故宫博物院就开始利用新浪微博发布相关新闻资讯，两年后，故宫博物院微信公众号——“微故宫”正式上线，并在之后的几年里不断完善。之后的几年里故宫博物院的社交网络不断向其他传播媒介延伸，现已形成以微信公众号为核心，微博、抖音等社交媒体为重点的社交广场布局，通过互动的方式带动故宫文化的传播。

2. 文化展示

主要就是指利用增强现实、虚拟现实、APPS 应用、数字博物馆等构建虚拟现实作品。本节前面提到，故宫博物院早在 2002 年左右就开启了文物数字化工作，推出了相关宫殿、文物与故宫全景的三维模型，拥有了丰富的数字资产，但当时这些作品的展示形式单调，只能在演播厅或文物展厅里以电子画廊的形式播放展示，并不能带给大众完全沉浸式的数字体验，观感较差。

2015 年，故宫博物院第一个沉浸式数字实体展厅——端门数字馆正式开馆，标志着故宫博物院文物展示进入了全数字化阶段。端门数字馆将古代建筑、历史文化与现代科学技术三者融为一体，是将整座古典建筑完全用作数字化展示的开创性尝试[7]，游客依托随身可穿戴设备、VR 眼镜和最新数字技术即可沉浸在虚拟的故宫场景中，在数字空间里进一步了解传统文化、触摸故宫建筑[8]。之后，端门数字馆又持续推出一系列多元主题的数字体验展，以这种形式让故宫文物“活起来”、故宫建筑“走出去”，进一步拓展了数字展示服务的边界和空间[9]。鉴于故宫博物院文物系列之广、数量之多，故宫博物院又尝试把这些数字展示从线下引入线上进入社区，并加入声音、文字等进行注释。对于瓷器等器物的展示还加入了多角度、多细节的展示，并借助三维技术动态、立体呈现。

3. 资讯传播

主要是通过广告宣传、资讯网站、网络电台、新闻频道进行文化传播。2009 年和 2017 年故宫博物院两次对官网网站进行更新，不仅增设了青少年版网站，还考虑到国外游客，增设了全英版网站，进一步扩大了故宫文化受众群体。

4. 参观导览

在配备有专业讲解员、电子讲解器、移动终端导览等人员和设备的基础上，引入最新全景技术、倾斜摄影技术实现全景虚拟漫游，通过专题展览 APP 尝试深度展厅导览，开发故宫虚拟展厅 APP 实现深度导览，引导游客看什么、怎么看。

5. 学术交流

即实现专家研究成果的线上展示。故宫在其官方网站不仅设置了诸如《故宫博物院院刊》《故宫学刊》等学术专栏进行专题分享，还搭建了故宫研究院——开放式高端学术平台，开展相关学术研究与交流。成立初始，该平台下设了考古研究所、古文献研究所、明清历史档案研究所，截至 2022 年，该平台已分设共 26 个不同门类的研究所用于学术交流。

6. 公众教育

多年来，故宫的革新意识持续提高，力图以跨界碰撞潮流文化的方式拉近与年轻人的距离，丰富历史叙事，以更年轻、更时尚的形式呈现表达故宫文化，实现公众教育[10]。形式主要分为三种：一是开放了诸如故宫知识讲堂、故宫趣味课堂等面向青少年的教育平台；二是依托海量古籍资源开设了故宫电子图书馆，实现了图书文献的在线阅读；三是拓展传播形式，摄制了如《故宫专家讲国宝》《我在故宫修文物》《紫禁城》《我在故宫六百年》等系列专题片[11]。

7. 休闲娱乐

2014 年左右故宫博物院立足移动通信终端开发了多款具有故宫特色的 APP，如《胤禛十二美人图》《皇帝的一天》《紫禁城祥瑞》《韩熙载夜宴图》等，并衍生出一些较为火热的表情包，形成了独特的故宫 IP。这些数字形式的出现不但让受众可以近距离接触、欣赏、学习到某件藏品和故宫文化，还带给其极大的互动体验感和趣味性，实现了寓教于乐，成功将游戏打造成传统文化传播的利器，加速了故宫文化在青少年群体间的传播。

8. 电子商务

2016 年起，故宫博物院成立了故宫文创旗舰店，用于文创产品的销售，后又衍生出了故宫淘宝店、故宫天猫旗舰店、故宫微信微店、故宫商城等平台。2017 年故宫博物院正式开启全网售票，开通了包括购票网站、手机购票 APP 在内的多种购票渠道。

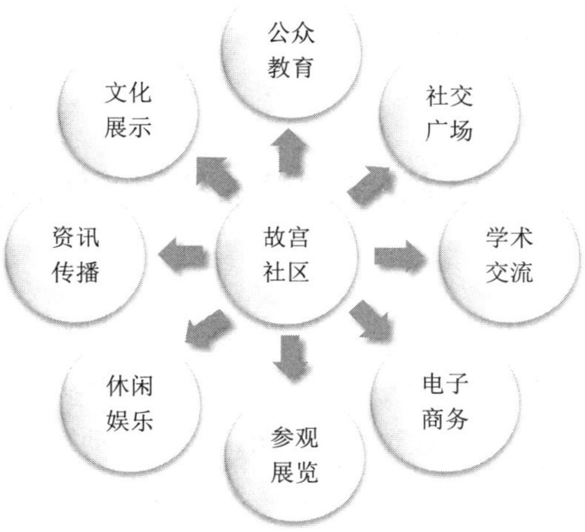

图 1–1　数字故宫社区的基本架构

资料来源：冯乃恩 . 博物馆数字化建设理念与实践综述：以数字故宫社区为例［J］. 故宫博物院院刊，2017（1）：108–123+162.

四、第四阶段：加速建设数字故宫社区

经过近 20 年建设，到 2019 年故宫博物院已初步建成“数字故宫社区”。但随着现代技术的高速发展，已有的数字化成果已经不能很好地满足大众更高层次的需要，数字故宫社区体系建设仍需不断加强，数字资源向社会公众服务延伸的广度和深度仍需加大。因此从 2019 年到现在，故宫博物院不断加快建设数字故宫社区的步伐。

2020 年底，故宫博物院率先在微信端推出“数字故宫”小程序，数字化整合了故宫的海量文化资源，打开了“云游故宫”的大门，游客足不出户就能欣赏到故宫的全貌和丰富的文化资源［12］。2021 年底，“数字故宫”小程序全面升级，2.0 版本正式上线。借助人工智能、增强现实等数字技术，打造了一个更为全面的“一站式服务平台”，满足游客线上文创购买、在线预约购票、智能导航、云游故宫等多方面需要。为加快完善“数字故宫社区”中的公众教育功能，2022 年，“故宫云课堂”APP 上线。通过数字技术将中国书画、文物、古建筑等传统文化教育联系起来，使大众以更直

观、更便捷的方式学习优秀传统文化，并推出“积文化积分，兑数字徽章”活动，极大提高了公众学习热情。

未来，故宫博物院将在不断加强数字故宫社区建设的基础上，加快构建“数字孪生”，着力发挥信息化驱动的引领作用，深化博物馆业与数字技术的融合发展。

第三节　北京故宫博物院数字化建设经验

北京故宫博物院数字化的建设以提高旅游者智慧体验为核心，一方面充分利用数字仿真、VR 和 AR 等数字化手段不断完善数字展示服务，另一方面始终坚持全方位、一体化的发展战略，利用云计算、物联网、5G、移动智能终端等信息技术不断完善景区营销与管理活动，现已实现智慧服务、智慧营销、智慧管理三个维度的数字化建设。因此，本节主要从这三个维度阐述北京故宫博物院智慧化、数字化建设成果及经验。

一、智慧服务

智慧服务通常以“受众的数字化体验”为核心，是智慧景区建设中最重要的一环，也是直接面向大众的文化窗口。北京故宫博物院的智慧服务涉及了游前、游中和游后全阶段，主要包括信息的推送、虚拟展览、互动展览、数字导览等多个服务项目。

（一）一站式服务平台

移动端一站式服务平台以“数字故宫”小程序 2.0 为代表，该平台依托于各类数字资源为游客提供了多种类型服务，贯穿游前、游中、游后全阶段，主要包括开放信息查询、智慧地图、AI 专属导游、无障碍服务、文物检索和欣赏、文化专题学习和研究等板块。

游客在到达故宫前，可直接通过小程序在线购票、预约观展。到达故宫后，GPRS 导航技术、LBS 定位技术将全程提供精确的位置服务，游客可一键查询距离最近的古建筑、商店、卫生间、出入口等常用设施位置。大数据分析还为游客提供了客流舒适指数实时查询、路线规划等精准的地图服务，更有 AI 专属导游全程陪伴，支持文字、语音等多种形式交互，不仅可以为游客提供建筑讲解、导览服务，还能回答各类故宫知识，与游客进行拟人化语音闲聊等[13]。“图像描述生成”技术的加持，更是优化和改善了无障碍体验。若游客需要轮椅外借服务或无障碍通道查询服务，可直接在小程序上语音咨询；另外，通过语音阅读所在地点、道路，还能主动为视障人士推荐路线、提供景点讲解，使视障人士可以和普通用户一样享受地图服务。当游客回到家中后，可通过小程序上的“传给故宫”“故宫书店”等工具栏进行流畅的游览和购物体验，还可以持续在线上欣赏各类文物藏品展览，进行相关文化专题学习。

（二）数字化展览

随着数字化技术的发展，博物馆的展览形式彻底打破了以往的“玻璃展柜 + 文字简介”的简单模样。文物展览不再局限于“馆”的地理限制，文物也超越了传统理解中“物”的概念。科技与文化的有机融合让历史不再是尘封的、高高在上的模样，文明的体验也变得更加轻松而沉浸。

故宫博物院在数字化展览所做出的成就主要包括以下两方面。一是故宫博物院依托新型数字展厅——端门数字馆，立足于古建和文物本体，依托采集到的高精度文物数据，结合科学的学术研究，最终以数字技术为手段实现了文物和其背后历史文化内涵的数字化再现，增强了展示效果，扩大了广度和深度[14]。二是故宫博物院借助数字科技彻底打破了场馆的界限，以数字体验展的形式将故宫文化传播到各地，其中最具代表性的就是 2021 年在深圳海上世界文化艺术中心举办的“纹”以载道——故宫腾讯沉浸式数字体验展。该展全程没有一件实物，但是却通过数字化的呈现方式，让游客体验到了实物展也无法感受到的细节，是故宫借助 VR/AR 技术等新技术和新科技进行文化演绎的大胆尝试。整个展览区共被划分为“锦绣世界”“流光溢彩”“巧思成‘纹’”“‘纹’法自然”“纹窗弄影”“梦幻江南”“瑞意祥纹”7 个数字展览板块，总面积大约 1500 平方米[15]。

此次沉浸式数字体验展主要有两大亮点。一是超高清裸眼 3D 视觉与沉浸式渲染技术的结合，在超高清 3D 视觉的基础上按照“万花筒”的折射原理将提取到的纹样嵌入图形中，使观众用手轻触屏幕即可感受到器物纹样的不同动态演绎，视觉效果令人惊叹。二是全景声技术、投影技术的应用，为游客创造了具有不同特色的沉浸式展览区域，构建了丰富多彩的数字世界，成功打造了一个全感沉浸式文博互动新体验。

（三）虚拟互动

除了文物藏品与建筑的展示数字化，故宫还引入了最新虚拟科技以增加并强化参观过程的趣味感和互动性。通过大型的沉浸式投影屏幕、体感捕捉设备和触摸屏，配合人工智能、VR 和语音图像识别等科学技术，游客甚至可以穿越时空，去体验历史人物的生活。例如，通过数字地毯和数字书法项目，游客可以观看、临摹古人的字画，机器还会自动进行打分；通过数字织绣，游客不仅可以了解织绣工艺，还支持使用电梭子亲身体验；数字屏风项目则可以实现线上换装。此外，虚拟现实技术的应用甚至可以满足游客坐在龙椅上体验古代皇帝批奏折的真实感觉，还可召见 AI 大臣进行对话聊天，带给游客全新的沉浸式互动体验。

二、智慧营销

故宫博物院凭借深厚悠久的历史文化，通过线上多渠道营销、与互联网巨头合作的方式，不断延长文创产业链，成功打造出智慧化、数字化的营销生态系统，掀起阵阵营销风暴。

（一）打造多营销渠道

随着自媒体的迅猛发展，故宫博物院紧贴现代人生活习惯，将实体文创产品的营销渠道从线下拓宽至线上，使故宫文创产品以多路径多渠道出现在大众视野。一方面打通了淘宝、京东、微商城等销售渠道，并在微博、公众号、抖音等传播媒介进行故宫文化的传播与文创产品的推广，最大程度提高了曝光率。故宫博物院单在淘宝上就打造了故宫淘宝、故宫文创旗舰店、故宫出版旗舰店三条文创支线，其官方社交媒体微博、抖音、微信账号下的粉丝群体总数也突破千万[16]。新媒体平台受众广、传播范围大、互动性强等特点更是为故宫文创产品的传播提供了更为低成本、高效率、多元化的传播途径[17]。

另一方面故宫积极进行跨界营销，接连进军短视频和影视行列，打造了多款宣传片和综艺。2016 年 1 月，纪录片《我在故宫修文物》一经播出就以 9.4 的豆瓣评分取得了公众的高度认可，从此，故宫真正进入大众视野。而《上新了 · 故宫》则是故宫和综艺的另一次碰撞，借助线上营销渠道的扩展和新媒体带来的巨大流量，故宫文创和故宫文化得到了更快、更广泛的宣传推广，仅在2017年，故宫文化创意产品的销售额就高达15亿[18]。

（二）构建数字文创产业链

数字化时代的到来为古建旅游景区文化创意产业发展带来了巨大的机遇，数字技术推动了传统文化的不断创新。在“互联网+”的背景下，故宫博物院不仅在实体文创产品上下足了功夫，设计出了更多实用性、创意性的产品，如端午香包、首饰、手办等；还利用数字技术和互联网媒体，通过文化与科技的创新融合，衍生出了一系列多维度跨界融合的数字文创产品，拓展了文创产品的领域和边界，逐步构建起一条庞大的数字文创产业链。

从一开始自主研发的多款创意文化APP，到后来故宫博物院与腾讯合作推出的故宫QQ表情、“故宫：口袋宫匠”微信小游戏、古画会唱歌音乐专辑、奇迹暖暖——故宫传统服饰主题、故宫南迁动漫等，再到与影视行业联手拍摄的多元类型的纪录片和综艺，故宫一步一步地在文化与科技的融合中不断赋予故宫文化全新表现形式，使其更易被年轻群体所接受和喜爱，从而实现了数字文创产品的全产业链创新[19]。

三、智慧管理

（一）文物及数字资源管理

在文物管理方面，故宫博物院拥有一套出色的智慧藏品管理系统。文物被精确分类、标识和记录，相关信息也被准确地存储于管理系统中。另外，进出库、陈展、借用和调拨等业务操作也都在系统中完成，极大方便了文物的管理和查询，提高了工作效率。而在数字资源管理方面，故宫博物院利用先进的数字化技术，如3D建模，对各类文化遗产进行了数字化转换，使文物的真实面貌和细节得以永久保存。这些数字资源不仅为智能导览系统和数字展览的可视化运行提供了数据支撑，更为研究、学术交流提供了重要参考[20]。

（二）公众管理

自2017年10月起，故宫博物院就全面开通线上预约售票，并开启了分时段售票，游客可以选择具体时间段入园，以往由于人流量集中导致的排长队、人挤人的现象极大程度得到缓解。

（三）运营管理

传统景区运营管理手段不能及时、准确、全面掌握景区相关信息，于是，故宫博物院引入了智慧管理系统。系统采用了轻量化三维建模技术，以三维场景为基础，2D面板数据为辅，可以全面掌控入园数据、实际入园人次历史、净手处负载量、停车场压力等基本信息，逐步实现全区内景点旅游信息数据全面对接，全方位多角度实时监控景区，使监管由传统的被动处理、事后管理向过程管理和实时管理转变。其中最值得一提的是人流量的智慧监测与疏导体系，通过多个智能摄像头的图像识别分析，形成了一个完整的园区热力图，可以快速准确判断园区人员集中、拥挤程度，帮助景区运营管理人员掌握正确的人群密度数据和变化趋势，从而进行合理的安保管理；还可以模拟多条疏散线路并预测时间，测算出最佳疏散路线，在实际灾难逃生中有效提高游客逃生效率。

从以上对故宫博物院数字化建设历程和模式的分析，我们可以看出来：建设智慧博物馆绝不是单纯引进数字新技术，而是要将新技术和博物馆各项工作和文化传播服务紧密联系起来，实现业务流程和管理体系的数字化重塑和再造。

第四节　我国智慧博物馆建设路径探索

智慧博物馆建设是博物馆高质量发展和博物馆强国建设的必由之路[21]。2021年，国家文物局等多部门联合印发的《关于推进博物馆改革发展的指导意见》对智慧博物馆建设及相关工作给予了高度重视。但目前，国内博物馆能做到智慧保护、服务、管理和营销同步发展的还在少数，北京故宫博物院起到了很好的模范带头作用。当然，其智慧博物馆建设的成功也绝对不是偶然，是数字经济背景下努力创造的结果，因此，本节将深入剖析故宫博物院智慧博物馆建设模式背后的理念，以期为国内大众博物馆实现数字化、智慧化转型提供可借鉴经验。

一、以人为中心，加强人与数字技术的互动

智慧博物馆的建设的前提是实现“物的数字化”，因此，长期以来，博物馆的数字化建设通常秉持“以物为重”的理念，过于突出物的数字生产，重视文物藏品的数据资源采集与管理，而忽视了人与数字技术的互动，这就使博物馆的数字化建设不尽如人意。具体来说，智慧博物馆的建设就是追求人、物、数据这三者动态的双向信息联系的过程，因此智慧博物馆建设首先应更新博物馆建设理念，既要重视文物的数字化保护和展示，也要发现人在博物馆公共服务中的主体地位。无论是各类数字科技的研发和应用、数字化展览的策划还是数字文物系统的开发和管理，都应以人为中心进行设计和应用，注重观众的体验和参与感。

以人为中心就要求数字化博物馆建设过程中要善于发现观众需求，注重观众的体验与感受，加强人与数字技术的互动，既要让静止的文物、古籍里的文字“活”起来，走近人们，又要让服务变得更人性化。

一方面，要注重数字化场景的多维度打造。在数字化时代，单一的传统展览方式已经无法满足人们多样化的需求。因此，为了更好地提供丰富的文化体验，我们需要注重数字技术的应用。首先，可以通过全息投影技术创造逼真三维影像，使观众身临其境；其次，可以应用数字孪生技术，联结实体文物和数字虚拟世界，使游客近距离观察文物细节，增加参与感和体验性；最后，可以借助增强现实和虚拟现实技术，打造虚实融合的数字化场景，使观众通过智能设备或头戴式显示器即可在虚拟世界与数字化文物进行亲密接触。以上这些数字技术的应用将突破文化传播在物理空间上的限制，让人们可以在“在地、在线、在场”三维时空层面上获得沉浸式的数字文化体验，从而更好地感知和理解文化遗产的价值与魅力。

另一方面，要学会借助数字技术不断改进智慧服务和管理。一是要充分整合数字资源，不断强化顶层设计，加快建立一站式智慧旅游服务平台，从而帮助游客更快地获取博物馆信息，更方便地搜索和掌握景区丰富的数字资源，避免多平台跳转的麻烦；二是要不断优化自身的开放管理，进一步完善基于位置定位服务（LBS）技术的应用，为游客提供景区路线指引，实现开放信息的及时更新和景区人流的有效疏导。

二、挖掘文化内涵，创新数字化产品

智慧博物馆建设既是博物馆自身在智慧化浪潮中与时俱进采取的关键行动措施，同时也是博物馆高质量发展的重要机遇[22]。据不完全统计，2021 年全国博物馆仍接待观众 7.79 亿人次，策划推出 3000 余个线上展览、1 万余场线上教育活动，网络总浏览量超过 41 亿人次[23]。但是随着建设进程的加快，不可避免地会遭受“瓶颈期”的问题，通俗地来讲，就是各个博物馆在数字化、智慧化改革时，同质化、趋同化严重。一是大部分博物馆数字化建设内容相差不大，大多围绕采集文物或场馆二维或三维图像，建设藏品管理和流通系统、预约服务系统，开辟以营销为主的传播阵地等工作展开，间或利用相应软硬件设备，搭建数字展示平台[24]。二是开发的数字化、智慧化产品盲目追随潮流。因此，博物馆在进行技术应用的过程中，不能简单认为技术越新就越好，重要的是如何借用高端技术完美诠释内容。这就要求博物馆在数字化、智慧化转型过程中，要增强对文物背后文化的解读，使所创造的数字化产品无论在内容还是观点上都具有自身的文化特色。

三、加强外部合作，探索跨界融合

博物馆是人类传播历史文化、加强精神文明建设和思想道德教育的文化桥梁和沟通纽带，对整个社会文明程度的进步起着极其重要的作用，如何让文化传播得更宽更广，是数字经济下智慧博物馆建设所要思考的重点[25]。通常当智慧化水平提高到一定高度，博物馆自身的力量已经不能支持其进一步发展，此时就需要跟外界强强联手把博物馆业务分解开来，在加强自身文物保护、知识产权开发与展示数字化等核心能力的基础上，以开放的心态，主动寻求行业互鉴和跨界合作，通过吸收各方面的力量，快速补齐自身短板，确保智慧博物馆的可持续发展。例如，在开展智慧营销和文化传播方面，可以积极和游戏、动漫、影视等行业寻求融合；在提升自身日常管理工作的数字化深度方面，可以积极寻求与钉钉、腾讯等企业的合作，逐步优化移动化办公和智慧管理平台。

参考文献

［1］赵伟晶．北京故宫博物院新媒体营销策略［J］．经营与管理，2019（07）：90–92.

［2］澎湃新闻．故宫 186 万余件 / 套藏品数字信息开放，藏品总目上线［EB/OL］.（2021–02–10）［2023–07–17］. https://www.163.com/dy/article/G2FLOM670514R9P4.htm.

［3］于玲燕．新形势下博物馆社会服务方式的转变与发展［J］．科学教育与博物馆，2022，8（03）：89–94.

［4］王旭东．数字故宫的过去、现在与未来［J］．科学教育与博物馆，2021，007（006）：524–531.

［5］冯乃恩．博物馆数字化建设理念与实践综述：以数字故宫社区为例［J］．故宫博物院院刊，2017（01）：108–123+162.

［6］宋小乐．“互联网 +”背景下故宫文创数字化建设及实践路径探讨［J］．声屏世界，2021（07）：2.

［7］马晓娜，图拉，徐迎庆．非物质文化遗产数字化发展现状［J］．中国科学：信息科学，2019，49（02）：121–142.

［8］童嘉露．博物馆文化传播的数字化应用分析［J］．丽水学院学报，2022，44（03）：73–78.

［9］新民晚报. 600 年前的今天，紫禁城宣告落成［EB/OL］.（2020–12–08）［2023–07–17］. https://www.toutiao.com/article/6903889052102214156.

［10］付靖博，刘永宁．论人文历史纪录片的传统文化表达：以北京卫视《紫禁城》为例［J］．东南传播，2022（03）：100–103.

［11］故宫博物院．积跬步以至千里“数字故宫”线上分享会在故宫博物院举行［EB/OL］.（2020–07–17）［2023–07–17］. https://www.dpm.org.cn/Home.html.

［12］中国旅游新闻网．故宫博物院“智慧开放项目”新华网．2021 年我国博物馆接待观众 7.79 亿人次［EB/OL］.（2022–01–30）［2023–07–17］. http://www.ctnews.com.cn/content/2022–01/30/content_118333.html.

［13］孙昕然．数字化会展应用案例研究［J］．科技传播，2022，14（08）：110–112+121.

［14］苏怡，张沛沛．借助数字科技激活、强化和释放“博物馆的力量”：从故宫博物院与腾讯集团跨界的合作谈起［J］．中国博物馆，2022（02）：14–18.

［15］孔祥熹，符祥戬．数字时代南京博物院文创产品发展策略研究：基于南京博物院与故宫博物院的比较分析［J］．中国民族博览，2022（04）：205–207.

[16] 宋小乐．新媒体语境下文化创意产品的发展路径分析：以故宫博物院为例 [J]．新闻文化建设，2021（06）：148–149.
[17] 今日头条．故宫：文创掀起的营销风暴 [EB/OL].（2019–03–06）[2023–07–17]. https://www.toutiao.com/article/666524274992873524.
[18] 解学芳，张佳琪．技术赋能：新文创产业数字化与智能化变革 [J]．出版广角，2019（12）：9–13.
[19] 张鹏．浅谈智慧博物馆 [J]．文物鉴定与鉴赏，2022（07）：81–84.
[20] 中华人民共和国文化和旅游部．《关于推进博物馆改革发展的指导意见》提出到2035年基本建成世界博物馆强国 [EB/OL]．（2021–05–25）[2023–07–17]．https://zwgk.mct.gov.cn/zfxxgkml/zcfg/zcjd/202105/t20210525_924734. html.
[21] 国家文物局．关于推进博物馆改革发展的指导意见 [EB/OL]．（2021–05–24）[2023–07–17]．http://www.ncha.gov.cn/art/2021/5/24/art_722_168090.html.
[22] 新华网．2021年我国博物馆接待观众7.79亿人次 [EB/OL]．（2022–05–18）[2023–07–17]．http://www.news.cn/politics/2022–05/18/c_1128661141.htm.
[23] 李峰．文物知识聚合与传播的初步研究：以上海博物馆“宋徽宗与他的时代数字人文专题”为例 [J]．东南文化，2022（03）：169–177+197–199+191–192.
[24] 郭艳艳，李华飙，车大为，等．科技让我们遇见更美好的未来：智慧博物馆论坛综述 [J]．中国国家博物馆馆刊，2022（08）：29–36.

第六章

环球影城数字化建设

现代信息技术的发展为各行各业带来了数字化转型的机遇。《“十四五”数字经济发展规划》提出“要持续完善数字经济顶层设计……以数字化推动文化和旅游融合发展”[1]。文化旅游数字化建设是推动文化旅游高质量发展、促进文旅消费提质升级的重大工程，也是满足人民美好生活需求、丰富人民休闲娱乐体验的重要策略。环球影城是与迪士尼并重的世界知名再现电影 IP 的主题公园，它将科技与电影相结合，打造产品生态，创建智慧园区。本章将重点介绍环球影城数字化建设与技术应用，总结环球影城在数字化内容生产与数字化场景应用方面的优秀经验，以推动我国旅游数字化创意产品升级与旅游业态开发，助力产业迭代与产业格局拓展。

第一节　环球影城案例简介

环球影城是美国环球主题公园度假区集团创办的、以再现好莱坞电影场景为主题的大型主题公园。1963 年，环球制片公司将好莱坞荒废的电影摄影棚修整改建为环球影视城并对外开放，全球第一座环球影城主题公园就此诞生。该园区分为影城之旅、上园区与下园区，游客在此可以参观电影制作过程，还可亲身体验电影拍摄，这种新奇的体验使环球影城逐渐成为最受欢迎的好莱坞景点。环球影城凭借其知名的电影 IP 不断扩展其全球商业版图，到目前，全球共 5 座环球影城度假区，分别分布在美国、日本、新加坡与中国，每年吸引着千万名游客观演。其中在疫情肆虐背景下，筹备 20 年于 2021 年 9 月正式开放的北京环球影城仍旧在一年时间内吸引了 1380 万人次游客，营业收入 16.45 亿元。北京环球影城之大位居全球首位，根据中国消费者喜好，园内设置了功夫熊猫盖世之地、变形金刚基地、小黄人乐园、哈利·波特的魔法世界、侏罗纪世界努布拉岛、好莱坞和未来水世界七大主题景区[2]。每到周末和节假日都成为北京人朋友圈及社交媒体软件中的“常驻话题”，不断引爆旅游热潮。

环球影城的经营方式多样。全球5个环球影城的经营主要分为三种：第一种是环球影城母公司全资自主经营，如好莱坞与奥兰多的主题公园；第二种是与公园所在国企业合资经营，如日本大阪与北京通州环球影城；第三种是将环球影城的商标与IP授权给其他公司经营，如新加坡环球影城就由Genting公司全资拥有。环球影城IP资源广泛，包括电影、动漫、电视剧、游戏等。与迪士尼乐园不同的是，环球影城游乐项目所依赖的影视IP不仅仅局限于自有IP，还购买华纳兄弟（Warner Bros. Entertainment Inc.）、梦工厂（DreamWorks Studios）、派拉蒙（Paramount Pictures，Inc.）等电影制作公司的版权内容，改造成游玩项目。根据美国主题娱乐协会（Themed Entertainment Association，TEA）和美国AECOM经济咨询机构发布的《2019全球主题公园及景点报告》，根据游客增长量与入园人次，2019年环球影城以51 243 000的参观人次位列全球第四，且全球排名前25的主题公园中环球影城全部上榜，具有较强的IP影响力[3]。

环球影城凭借其早期在电影制作中积累的布景设计技巧与设备技术优势，为全球游客打造了一个数字化“超现实世界”。环球影城的数字化技术应用主要集中在玩乐项目的开发与后台管理上，他们利用现代化的声光电技术与虚拟现实、全息投影等智能交互技术，提供沉浸式的体验与精致化的服务。

第二节　环球影城数字化产品开发经验

产品永远是旅游项目开发的核心。现阶段游客需求已经由“参与”转变为“体验”，并向“沉浸”加速前进，被动单一的游览项目也被多元互动的趣味性体验项目所替代。环球影城以其全球畅销的影视故事IP为文化内核，还原炫目多彩与浪漫梦幻的电影场景，给予游客真实的电影世界体验，同时，惊险刺激的游乐项目结合烟雾、爆炸等特效手段，使游客享受极致的酷爽快感。

一、环球影城数字化游乐产品应用

环球影城的每一个项目都蕴含着满满的科技感，其中大量应用了 VR、人机交互、人工智能、全息投影等技术，使游客产生身临其境的游玩体验。

（一）虚拟现实过山车

北京环球影城中的过山车项目一直备受游客追捧，该项目在“哈利·波特禁忌之旅”“变形金刚火种源争夺战”等多个园区内都有对应其主题的设计。它突破了传统的户外过山车模式，通过画面布景与屏幕投影，配合着特定的滑轨动作，游客享受的不仅仅是惊险刺激，同时增加电影剧情“同款”体验。以哈利·波特魔法世界园区的“禁忌之旅”为例，在机械装置上，该项目将座椅固定在滑轨机械臂上，该机械臂按照故事情节设定拉升、旋转、平移、俯冲等多角度动作，配合着全球最新高清影像技术和倍增帧率还原《哈利·波特》电影中霍格沃兹城堡与黑暗森林等非凡场景，还有适时触发的烟雾、气味、频闪等，使游客在紧张、恐怖的氛围中体验电影主角乘扫帚飞行的视角。

（二）电磁信号魔法交互

环球影城中的魔法交互可谓是一大惊喜。在哈利·波特园区，其魔法棒通过电磁信号，利用关联手势控制信号启动火焰、雪花等魔法效果，游客通过特定的手势便可在园区内 10 多个互动区施展“魔咒”。另外，在黑暗骑乘项目中，技术团队专门引入磁性条码定位系统，通过导轨和主控机房连接，向中控系统实时传输位置信息，从而控制无人驾驶智能全地形车与恐龙、灯光、音响等道具配合做出动作，实现史前穿越的效果。

（三）全息投影夜间布景

环球影城中全息投影技术的应用使得园区夜间景象美轮美奂。全息投影通过干涉与衍射原理产生立体的空间幻象，还可通过程序设定与表演者一起演绎实现互动。该技术突破了传统 3D 声光电的限制，投影画面清晰生动，空间立体感强，透视感真实，成像效果亦真亦幻，具有强烈的纵深感。环球影城众多项目都应用了全息投影技术，如霍格沃兹的夜间灯光秀、功夫熊猫主题景区的夜间水上布景等，尤其是智慧仙桃树，它通过360度光雕投影技术实现春夏秋冬四季景色变换，配合上环柱纱幕、透明屏、全息玻璃等呈现磅礴的数字视觉特效。全息投影刷新了游客感知，打造了充满活力、格调与氛围的情景式体验。

（四）VR体验

环球影城中的VR技术应用十分广泛。近年来，以虚拟现实（Virtual Reality，VR）、增强现实（Augmented Reality，AR）为代表的超现实技术不断走近人们身边，并在虚拟旅游、旅游营销、智能导览、全景直播等多方面展现强大动力。日本大阪环球影城中的VR体验项目让人眼花缭乱。《终结者2-3D》中，游客佩戴VR眼镜就可以观看真人演员与虚拟角色共同演出的舞台剧。在《史莱克4D历险记》中，VR眼镜配合着震动座椅、喷气、洒水等效果，实现游客体验与电影情节实时互动的身临其境感。

二、数字化产品开发经验总结

（一）充分利用技能优势，发挥专业特长

环球影城成功得益于其早期积累的电影制作技术。环球影城主题公园所依赖的美国康卡斯特集团（Comcast）旗下NBC环球（NBC Universal）业务板块，下属环球影业前身环球电影制片公司（Universal Film Manufacturing Company）是全球知名的电影电视制作商，曾是好莱坞实力最强的电影公司，制作发行的票房口碑双收，电影电视作品数不胜数，在全球都享有盛誉。环球影业的电影制作技术成熟且发达，不少拍摄制作模式都走在世界前列。1975年制作的《大白鲨》是好莱坞最早的特效技术电影，随后的《侏罗纪公园》《木乃伊归来》《星球大战》系列等更是每每刷新影视行业的纪录，近年来《指环王》《变形金刚》《神偷奶爸》等特效大片更是将其技术磨炼得炉火纯青。在这样的基础上，环球影城具有专业的空间布景技能，卓越的硬件机械设备调试技术与全球领先的视觉特效呈现技术，这为环球影城数字化产品的打造奠定了坚实的基础，成为环球影城的核心竞争力之一。

（二）精心打磨技术，开发应用专利

环球影城在设备打造、交互性游戏开发方面十分重视。其在主题公园方面开发的专利技术共有600多项，从技术上可以分成三类：一是增强游客互动体验感的虚拟现实和增强现实技术应用系统，以及交互式游戏系统，这部分专利数量最多，也最集中；二是确保游戏安全的座椅、车辆等防护系统；三是涉及游客与景区管理的排队和人员管理系统。在北京环球影城建设过程中，环球影城运用并公开了不少专利，其中有应用于虚拟现实过山车的名为“用于生成立体的、增强的和虚拟现实图像的系统和方法”专利，还有“具有定向扬声器和触觉设备的乘坐载运器”的专利，还有“追踪无源指挥棒和基于指挥棒路径启动效果”的专利，这些专利技术都是环球影城的宝贵财富，成为增强游客互动体验的“黑科技”。

（三）借助文化IP，迎合市场偏好

环球影城以其全球热捧的影视IP为文化内核，吸引全世界影迷前往打卡“朝圣”。环球影城借助环球影业与好莱坞众多知名电影IP如“哈利波特”“变形金刚”“小黄人”等，为全球影迷们打开了一扇与电影空间、电影角色对话的大门，为电影爱好者们创造了化身电影主角亲历电影场景与情节的机会。环球影城还根据所在国家观众的偏好，设计了不同的园区。如日本大阪环球影城包含了蜘蛛侠、大白鲨等主题区，还加入了日本知名动漫IP如“名侦探柯南”，以游戏IP“任天堂”开发的“超级任天堂世界”等。中国北京环球影城则加入了中国限定功夫熊猫主题区。且这些主题区还会不断更新，或者以节日特展的形式加入新的展区。这些造就了环球影城源源不断的吸引力，使游客常玩常新，百看不厌。

（四）借助外部力量，加强项目合作

环球影城与全球众多设备制作公司都保持着良好的合作，这些公司为环球影城硬件设施提供了坚实的保障。主题公园内设施设备一般都极其复杂，又对安全性有着极高的要求，因此环球影城的设备供应商众多。借助外部专业的力量，环球影城得以在硬件设施方面保持较高的水准。环球影城与B&M工程顾问公司合作过山车系统设计与咨询，与Mack Rides合作悬挂式动力过山车设备，与国际海洋工程公司（Oceaneering International）旗下的主题娱乐部合作研发生产黑暗骑乘和飞行影院设

备，与工业光魔公司合作设计包围式效果与180度视觉渲染程序，与Intamin合作小黄人快跑项目中的运动模拟设备。

环球影城与中国企业合作也相当广泛。在北京环球影城的建设中，中铁建设利用先进的3D扫描+BIM（建筑信息模型）数字建造技术，精准还原魔法世界；航空工业规划总院为其提供全系列高精度的平面控制网、高程控制网及设备安装等测量服务；中冶建研院采用正向BIM高精度建模设计，对“飞越侏罗纪”项目骑乘轨道进行仿真模拟。环球影城与专业的设备生产制造商、创意设计商、测量勘探商、程序开发商等进行合作，保障了园区设备安全最大化与游客体验最优化。

第三节　环球影城数字化管理经验

环球影城在后台管理上也充分运用了数字化技术。在信息时代，数字化、智能化不断颠覆着各行各业的底层逻辑，有赖于现代化信息科学技术，旅游景区管理也踏上更新迭代的列车，朝着高效、智能的方向不断发展，实现景区管理的有序化、精准化。

一、环球影城数字化技术管理应用

环球影城占地面积广，接待游客多，只有园区内部管理方便快捷、灵活高效，才能使游客获得更高的满意度。环球影城的数字化管理主要体现在排队管理、设备管理、消费支付与安全管理四方面。

（一）排队管理

主题公园是游客密集场所，其容量设计与排队管理一直是旅游业界关注的重要问题。主题公园内项目众多，一旦排队时间过长，游客的心理就会由激动、兴奋逐渐转为不耐烦、不满意，最后甚至产生后悔、生气等负面情绪[4]。旅游旺季人满为患，因容量超载引发的游客投诉与意外事故频繁发生，极大地影响游客体验，也损害公园的良好形象。近年来，信息系统的发展为景区及主题公园的容量测算与排队管理拓展了新的技术窗口。为解决游客的“等待”焦虑，环球影城在排队管理方面开发了虚拟排队技术与等待时间推荐器，这两项专利技术可根据游客在园区内实际的地理位置与虚拟队列中游客的位置，通过环球影城官方 APP 向游客推送每个项目的等待时间，并向游客通知更短或更长等待时间的路线和方法，使游客在公园内的时间效率最大化。

（二）设备管理

环球影城主题公园内部游乐设施设备都是超大型特种设备，对于设备的安全性能具有极高的要求。环球影城内人员密集，若设备出现倒塌、坠落或绷断等问题，将会造成不堪设想的严重后果。在设备管理上，环球影城开发了“特种设备专属管理系统”，对园区内 450 多台特种设备进行智能化、精细化管理，对大型游乐设施实施运营监控。该系统集合了风险分级、可视化、信息化设计理念，具有高效、便捷、应用面广的特点，在日常运营中，能单独设置环形图显示剩余有效期；内置安全管理树状图及列表，可以自动发送短信、邮件提示相关工作；在事故发生后第一时间推送主题公园出现风险的区域并锁定具体设备，标注红、橙、黄、蓝风险等级，使监管部门和运营方及时直观掌握各类特种设备的总体运行状态[5]。该系统解决了之前人力对接中出现的信息不对称、传达效率低等问题，有力保障了设备安全与园区安全。

（三）消费支付

环球影城与阿里巴巴集团合作，成为世界上第一个不用带钱包、手机便能“一脸游”的主题乐园。我国移动支付的发展为北京环球度假区创造了智能化的支付环境。移动支付便捷、安全、可靠，在移动互联通信技术的不断发展、智能手机的普及应用以及电子商务爆发式增长的当下，我国移动支付场景与服务生态不断创新，5G+ 物联网加速移动支付数字化进程，数字人民币促进移动支付融合发展，移动支付赋能实体经济，助力企业“智能”转型[6]。借助阿里巴巴的技术，环球影城打造全新游园体验并且推进园区运营数字化。从入园开始，游客便可通过刷脸进行信息确认，在园区任何地方都可以通过刷脸进行点餐与商品支付，还可进行储物柜的开启。未来环球影城还将与阿里巴巴旗下众多部门开展全产业链合作，上线更多“刷脸”项目。

（四）安全管理

对旅游设施来说，安全问题是第一准绳与最终底线。在旅游旺季，旅游景区安全事故频发，有因设备陈旧缺乏定期检修造成的安全问题，也有因容量超载导致的踩踏等事故，还有消防安全等，这些都为各个景区敲响了警钟。环球影城园区在安全保障方面注入了科技的力量。借助阿里云提供的系统，环球影城后台管理人员可通过摄像头、空间位置技术（LBS）定位，一方面关注园区人群密集区域的变化，防止过度拥挤，引导人群关注更少排队的游乐项目，另一方面还能对火灾等做出“秒级反应”，迅速疏散人群。

二、数字化管理经验总结

（一）切实考虑游客需要，提供精细化管理

关注游客体验是旅游景区生存的条件[7]。在体验经济时代，游客体验的不仅仅是景区的旅游产品，自游客进入旅游目的地的那一刻，所有身边的一切——包括服务设施、感官体验、周边其他游客等都构成游客的体验感知。根据 1985 年美国市场营销学家帕拉休拉曼（Parasuraman）、泽丝曼尔（Zeithaml）和巴瑞（Berry）提出 SERVQUAL 模型，旅游目的地服务质量包括有形性、可靠性、响应性、保证性和移情性 5 个因子[8]，旅游目的地和景区要提供满足旅游者预期的、及时响应的管理服务，才能保障游客满意度。

环球影城从游客角度出发，利用数字化技术正向增强游客的服务感知。我国人口基数大，旅游景区又是人员高度密集的场所，旅游旺季时，各大旅游景区人满为患的现象屡见不鲜。游客对此怨言不断，但又无可奈何。环球影城充分考虑到游客的心理诉求，利用数字化技术解决游客的痛点问题。

（二）识别潜在问题，做到未雨绸缪

环球影城在景区管理上思虑周全，将景区管理中将会遇到的多种可能考虑在内。安全问题是景区持续稳定运营的首要保障，也是维护景区形象、提升服务质量、保证旅游活动正常健康开展的重要前提条件，因此，加强景区安全管理，对旅游景区进行安全评价、辨识、分析和预测景区安全系统存在的危险、隐患，并对事故进行预防和监控，是减少事故发生、减少景区损失的重要举措[9]。

环球影城在设备管理与安全管理上做了大量的工作。环球影城在重点信息的监

控、重点设备的状态掌控以及风险的预测应急方面都形成了较为完备的保障，并通过信息技术串联成安全保障系统，提升管理效率与效能。

第四节　我国主题公园产业数字化发展路径

经济的发展与新科技的不断涌现，深度影响着人们的消费需求。旅游者早已不满足于“走马观花”式的旅游方式，其思维方式和旅游模式更加成熟，不求数量“多”只求质量“精”成为主要诉求，个性化、体验化、精致化、新奇化逐渐成为潮流。消费者需求的变化推动着旅游产品供给侧转型升级，单一感官参与的旅游活动已经调动不起游客的兴致，挑剔的旅游者寻求视、听、触、嗅、味等多种感官交融的交互式体验。数字技术的蓬勃发展催化着旅游业各类传统资源发生变化，2018 年区块链、大数据、物联网技术的火热为旅游注入了第一波数字能量，2020 年火爆的元宇宙、VR、AR、5G 等技术又使得数字文旅不断拓展发展空间。

一、我国主题公园旅游发展现状与问题

我国主题公园旅游起步晚，但发展迅速。1989 年我国第一家本土主题公园深圳锦绣中华落地营业，自此开启了我国主题乐园旅游产品的高速发展时期。到 2019 年底，我国共 339 座主题公园，形成了以华侨城、长隆、方特三大品牌为领头羊，各地特色主题公园散状分布的产业格局。目前我国现有主题公园品牌主要有欢乐谷、方特欢乐世界、长隆主题乐园、世界之窗、锦绣中华、中华民俗村、海昌海洋公园等，还有以文化体验著称的宋城、大唐芙蓉园、清明上河园等，这些大致可分为主题游乐型、微缩景观型、海洋公园型与历史文化型。

主题公园产业的高速发展间接造成了产品质量参差不齐、文化内涵低、服务质量差等问题。其中一些知名主题公园如华侨城、方特、长隆等，虽然依靠中国庞大的人口基数获得了每年千万人次的客流量，但缺乏核心竞争力、文化 IP 支撑薄弱、知识产权保护有限等因素也在一定程度上限制了其发展[10]。另外，品牌特色缺乏、产品创新水平低也使国内本土主题公园难以为游客创造独特体验。国内主题公园在数字化应用上重硬件、轻服务，重设施建设、轻文化内涵，重投入、轻运营，这使我国文旅

产业前期投入相当大的资金、技术、人力、物力等都收不到较高的效益，回报相当有限，有些甚至流于形式，变成了向上级申请资金、申请土地、申请补贴的工具。数字化技术为我国主题公园高质量发展插上了翅膀，我国相关景区可抓住变革升级契机，借鉴环球影城数字化应用经验，探索优质的可持续发展路径。

二、我国主题公园数字化发展路径探索

（一）深入挖掘文化资源，打造产品核心吸引力

优质的 IP 是主题乐园的核心竞争力，主题乐园的竞争，不在于大与小、新与旧的差异，而在于能不能挖掘当地历史文化资源、包装形成独特 IP，并在差异化发展中培育形成完整产业链[11]。文化与旅游的关系越来越紧密、融合越来越深入、形式越来越多样，旅游的“文化核心论”也成为无可争议的事实。旅游产品和旅游产业的经济性、文化性是统一的，旅游的文化本质特征必然要求在旅游业发展过程中优先发展旅游文化，用先进文化引领旅游业的可持续发展[12]。文化是旅游的灵魂所在、根本所在、动力所在，如何体现文化内涵、提高文化含量、彰显文化魅力是各类旅游业态都致力于解决突破的重要问题。

我国优秀传统文化博大精深，是我们开发旅游产品最根本的灵感来源。我国主题公园在玩乐设施建设的基础上，要深入挖掘文化内涵，为体验注入文化特色。我国主题公园可以根据其主题，在中华优秀传统文化、革命文化、社会主义先进文化中寻求可用资源，开发打造文化 IP，并用现代数字化手段呈现推广文化 IP，将其形成自身产品的核心吸引力、抢占市场的核心竞争力。主题公园可以利用 VR 等技术，融文化观演、文化参与、文化体验、文化娱乐为一体，助力公园塑造特色鲜明的主题形象。

（二）广泛调研市场需求，明确数字技术应用方向

全面的市场调研是上线一项新技术新产品时所必须实施的首要一步。了解市场现状，明确游客对什么感兴趣，才能明确数字产品开发方向与数字技术应用方向，才能保证投资方向不偏、实施脚步不乱、资源投入不浪费。

相关企业与管理者要做好市场的“调查员”与方向的“领头羊”。所谓“知己知

彼，百战不殆”，我国主题公园首先要明确自身所具备的、目前所欠缺的以及当下可利用的，通过 SWOT 分析工具透析自身优势、劣势、当下机会与威胁，对自身形成清晰的认知。其次，管理者要对市场上数字化技术运用较好的佼佼者进行详细的分析，探究对方成功的原因，分析自身与竞争对手的差距，以借鉴其成功经验，向其看齐；同时也要关注失败的企业或业务，在其中吸取教训，避免自己也陷入同样的困境重蹈覆辙。再次，企业管理者要对市场消费者进行深入的调查，探究当下消费者对数字化技术或沉浸式体验的真实的深层需求，同时构建市场需求矩阵，并将其与政策想推动的、企业想投资的紧密联合，挖掘其中的共同点，数字化产品的上线才能不受政策卡关，且又具有投资热度与市场销路。最后，主题公园管理者可以根据以上三点明确数字化建设实施方向，搭建技术应用及管理框架，利用数字技术解决市场痛点。

（三）与头部企业密切合作，借助外部资源共创双赢

数字化技术的投入一般较大，单靠企业一家投入实施是相当困难的。数字化产品在前期设计研发与设施配备上都需要相当大的技术支持与资金投入，尤其是对于传统企业来说，其在转型升级初期一般都是空有一番热情，对具体怎么实施、怎么运营、怎么维护都是比较迷茫的。数字化是一个系统工程，在软件、硬件、网络上都需要专业人才，且随着数字化建设的深度开发，企业的投入会逐步增加，没有强大的后援支撑将寸步难行。

我国主题公园等景区要善于与头部企业合作共建数字“帝国”。我国具备较为坚实的数字化开发社会条件，在网络覆盖率、通信基础设施建设上都处于世界前列，且人们对新技术喜闻乐见，接受度广。一大批研发企业形成了良好的技术开发基础，以阿里巴巴、腾讯、百度为代表的研发企业在大数据、云计算、物联网、区块链、人工智能、5G 通信等新兴技术方面都具有领先于世界的水平。主题公园管理者可与这些企业进行合作，借助其技术与研发力量打开企业的数字化建设大门。

（四）引进专业人才，培养人才储备队伍

人才在文旅数字化领域的缺口非常大。人才是企业持续创新的力量源泉，是推动文旅产业数字化进程的重要支撑要素，对文旅产业高质量发展具有重要意义。文旅行业需要的专业人才是复合型的、年轻化的。当前我国文旅行业人才储备严重不平衡，

且后续发展动能不足。文旅数字化人才应具备数字化发展思维、数字化管理思维、数字化分析素养与数字化创新能力，也要拥有年轻化的心态与互联网思维，更要会玩敢玩，才能抓住市场心理，跟紧年轻人思维。

企业要创新，人才队伍必不可少。主题公园管理者首先要加强企业现有人员在数字化思维与素养方面的培训，跳出传统产品开发套路，提高数字化理论知识与技能。其次，管理者要组建一批年轻化的人才队伍。未来是年轻人的天下，产品要抓住年轻人心理，才能脱颖而出，才能立于市场不败之地。而最了解年轻人逻辑与思维的必定是年轻人，企业要趁现在挖掘数字化人才，企业培训与内部培养相结合，打造专业过硬的人才队伍。另外，企业可与高校研究院所合作，如通过打造产业实训基地等方式，借助高校最前沿的思想理论进行“产学研”互动实践。

参考文献

[1] 国务院印发《“十四五”数字经济发展规划》[EB/OL].(2022-01-12)[2023-07-17]. http://www.gov.cn/xinwen/2022-01/12/content_5667840.htm.

[2] 秦佳鸣 . 2019 年度全球主题乐园报告发布　方特连续四年位列全球五强 [EB/OL]. 中国经济网，(2020-07-20)[2023-07-17]. http://travel.ce.cn/gdtj/202007/20/t20200720_7275458.shtml.

[3] 罗芬，廖薇 . 主题公园游乐设施游客等待心理变化研究：以长沙世界之窗为例 [J]. 中南林业科技大学学报：社会科学版，2010，4(03)：51-54.

[4] 陈琳，陈思 . 环球影城特种设备有了专属管理系统，大型游乐设施实时运营监管 [EB/OL]. 新京报，(2021-04-13)[2023-07-17]. https://www.bjnews.com.cn/detail/161832010515234.html.

[5] 刘震，王亚锋 . 我国移动支付发展模式与创新研究 [J]. 价格理论与实践，2022(10)：183-187.

[6] 邹统钎 . 体验经济时代的旅游景区管理模式 [J]. 商业经济与管理，2003(11)：41-44.

[7] 刘涛 . 基于 SERVQUAL 模型的乡村旅游服务质量提升研究 [J]. 资源开发与市场，2011，27(06)：569-571.

[8] 邹永广，郑向敏 . 旅游景区安全评价模型及实证研究 [J]. 中国安全科学学报，2011，21(03)：156-162.

[9] 白婧 . 文化产业投资视角下我国主题公园的发展现状与前景 [J]. 文化产业，

2022（24）：148–150.
[10] 杨丽 . 主题乐园何以长“乐”[N]. 新华日报，2022-07-11（003）.
[11] 张海燕，王忠云 . 旅游产业与文化产业融合发展研究[J]. 资源开发与市场，2010，26（04）：322–326.
[12] 宋洋洋 . 培养数字化人才　推动文旅数字化进程[N]. 中国文化报，2022-10-18（007）.

第七章
唐山南湖·开滦旅游景区智慧旅游的探索

曾经，在生态文明建设理念的指引下，百年工业遗产保护地“开滦国家矿山公园”和开滦采煤沉降修复地摇身变为唐山南湖·开滦旅游景区，实现了工业文明到生态文明的蝶变。如今，伴随着5G、大数据、互联网等高新技术的发展，信息化、数字化、智能化的时代悄然来临。乘时代东风，唐山南湖·开滦旅游景区持续在智慧旅游领域发力，推动了一批智慧旅游应用场景落地，凭借“视频融合、综合防范、智慧消防、生态安全、门区管理、车场管理、车船管理、业态管理”八大管理系统模块以及融数据中心、视频中心、指挥中心、业务中心为一体的周期智慧化平台等大批成果及创新之举成功将景区带入智慧旅游新时代，全面助力文化和旅游业高质量发展。2021年景区“智慧项目”成功入围文旅部发布的全国27个智慧旅游典型案例。案例详细介绍了唐山南湖·开滦旅游景区的智慧场景应用，重点梳理了景区智慧建设的创新之处和经验推广价值，旨在为其他景区的智慧建设提供一定借鉴。

第一节　案例实施背景及基本介绍

一、案例实施背景

在大数据、互联网、5G等高新技术不断发展的时代热潮中，游客对旅游咨询获取在内的诸多文化旅游服务提出了更为便捷、高效的高质量需求，促使文旅行业高质量发展。推动文旅高质量发展，需要加快转变文化和旅游发展方式，以科技手段促使文旅行业换挡升级、提质增效。对于景区而言，迫切需要运用数字化、信息化、智能化的高新技术提升景区的文化和旅游供给质量及管理服务效能。

数字化，是指将复杂多变的信息转变为可以度量的数据（数字），在度量数据（数字）的基础上建立适当的数字化模型，再将模型转变为一系列二进制代码，引进计算机内部，进行统一处理。旅游景区数字化（其升级版即现在所提及的狭义的智慧景区）是指借助计算机软硬件，综合运用3S（GIS、RS、GPS）、无线网络和互联网数据处理等信息技术对景区的旅游资源与环境、游客活动、旅游管理等信息进行自动采集和动态监测并实行数理统计分析[1]。景区数字化有利于为景区管理人员提供工作部署、规划建设的依据，从而更好为游客服务。

信息化，通常是指现代信息技术应用，特别是促成应用对象或领域发生转变的过程[2]。旅游信息化是指充分利用信息技术，开发利用旅游信息资源，以促进旅游信息交流和知识的共享，最终实现旅游经济的增长质量，推动经济社会发展转型。《“十四五”文化和旅游发展规划》指出，加快信息化建设，提升文化和旅游发展的科技支撑水平，要求以信息化推动旅游行业治理的现代化[3]。

智能化，是指事物在计算机网络、大数据、物联网和人工智能等技术的支持下所具备的能满足人的各种需求的属性。旅游景区的智能化是指在互联网、大数据、人工智能等高新技术的支持下，旅游景区所具备的能够满足旅游者以及其他旅游相关人员需求的一种属性。如今，诸多旅游景区及旅游景点利用云计算、大数据、AI、物联网等技术协同一整套的软件、硬件、移动终端等，不仅实现了景区的智能化管理，还能更加全面地保障旅游景区的人员安全与监管。

在游客需求升级、高新技术发展、文旅行业向高质量发展、智慧景区建设如火如荼的背景下，切实以游客为中心，运用高新技术，提升游客体验及景区运营管理，已然成为唐山南湖·开滦旅游景区智慧化的内在需求。

二、案例基本介绍

（一）景区整体概况

唐山南湖·开滦旅游景区位于唐山城区中央，占地面积5.8平方千米，由百年工业遗产保护地“开滦国家矿山公园”与开滦采煤沉降修复地“唐山南湖旅游景区”组成。开滦享有“中国煤炭工业源头”和“中国近代工业摇篮”的盛誉。开滦国家矿山公园作为首批国家级矿山公园，记述了开滦首开中国近代路矿之源，创造了中国近代史上第一座机械化采煤矿井、第一条标准轨距铁路、第一台蒸汽机车等多项“第一”，引领唐山工业文明辉煌的百年历程。唐山南湖旅游景区作为开滦采煤沉降地生态修复的奇迹，成功举办2016年唐山世界园艺博览会，建成龙山、凤凰台、丹凤朝阳等标志性景观景点，植入唐山宴、皮影主题乐园、那年芳华等独具地方文化特色的精品项目，已经成为承载工业文脉、彰显生态文明的亮丽名片，开启了文旅融合高质量发展的新纪元①。景区整体面积大、山体松软、水域广阔、林木众多，地质较为复杂，绿化覆盖面积达65%。景区先后荣获全国重点文物保护单位、国家工业遗产旅游基地、国家工业旅游创新单位、全国生态文化示范基地、国家体育休闲示范区、迪拜国际改善居住环境最佳范例奖、国家级夜间文化和旅游消费集聚区等荣誉称号[4]。

（二）智慧景区成果概述

唐山南湖·开滦旅游景区的智慧建设以“提升管理、规范运营、服务游客”“功能最全，效果最佳”为原则，综合运用5G、人工智能、云计算、物联网、大数据分析、GPS定位、VR全景技术、人脸识别等高新技术形成了一大批智慧旅游成果②。

（1）集成了备受游客喜好的热门景点。唐山南湖旅游景区有丹凤朝阳、龙山、凤凰台、光影水舞秀、植物风情馆、龙泉湾、中国唐山皮影主题乐园、桃花潭、荷花浦、那年芳华、朝晖岛、国内园、国际园、植物园、爱情漫道等景点；开滦国家矿山公园有中国第一佳矿、开滦博物馆、井下探秘、中国铁路源头博物馆、唐山老火车站等景点。

（2）打造了一批颇具特色的旅游线路。诸如：精品半日游、生态蝶变游、环湖休闲游、工业寻踪游、研学旅行游、家庭亲子游、光影夜游、文化演艺游。

（3）形成了融美食、住宿、休闲娱乐等为一体的旅游业态。诸如：唐山宴、湖畔往事系列等特色美食业态；南湖国际会展酒店、唐山文旅酒店、唐山新华联铂尔曼大酒店等酒店住宿业态；那年芳华、相期吾少年、猫的天空之城概念书店等休闲娱乐业

---

① 唐山文化旅游 . 寻根探源 品味唐山 | 开滦二中组织工业研学 红色远足实践活动［EB/OL］.（2023-04-14）［2023-07-16］. https://new.qq.com/rain/a/20230414A084CJ00.

② 宿州旅游 .【他山之石】唐山市南湖·开滦旅游景区智慧旅游探索［EB/OL］.（2022-03-07）［2023-07-16］. https://new.qq.com/rain/a/20220307A0BECC00.html.

态；红玫瑰骨瓷艺术体验店、皮影兔之家、文创购物店等旅游购物业态。可以说，唐山南湖·开滦旅游景区打造了"吃、住、行、游、购、娱"六大方面全方位智慧化景区。

（4）形成了视频融合、综合防范、智慧消防、生态安全、门区管理、车场管理、车船管理、业态管理八大管理系统模块。2021 年 5 月 1 日，智慧景区八大系统软硬件完成建设并投入运营，意味着景区迈进了智慧旅游新时代。

（5）建设了融数据中心、视频中心、指挥中心、业务中心为一体的周期智慧化平台。

第二节　唐山南湖·开滦旅游景区智慧旅游典型场景及其应用效果

《智慧旅游场景应用指南（试行）》（以下简称《指南》）明确，智慧旅游场景是指 5G、大数据、云计算等现代信息技术在旅游服务、旅游管理、旅游营销等领域的综合集成应用成果，是智慧旅游体系建设的基本单元和重要构成[5]。《指南》重点选取了智慧信息发布、智慧预约预订、智慧交通调度等 10 个可借鉴可复制可推广、具有普遍适用性的智慧旅游典型场景。本章第二节借鉴了《指南》中的智慧旅游典型应用场景，对唐山南湖·开滦旅游景区智慧景区的建设情况进行了分类梳理。

一、智慧信息发布

（一）概念阐释

智慧信息发布场景是指运用 5G、大数据、云计算、生物识别、图像采集、热力成像、数字媒体等技术，获取与旅游环境和游客体验相关的流量、气象、交通等信息，通过门户网站、公众号、小程序、微博、短视频、云直播等渠道及时发布。该场景可向游客提供实时旅游资讯服务，帮助游客了解旅游目的地综合信息，科学制订出行或游览计划。

（二）具体场景及其应用效果

（1）具体场景：唐山南湖·开滦旅游景区运用5G、大数据、云计算、生物识别、图像采集、热力成像、数字媒体等技术获取与旅游环境和游客体验有关的景区活动、气象、交通、入园人数、吃住游娱等信息，通过景区官网、微信公众号、小程序等渠道及时发布[①]。

（2）应用效果：游客通过唐山南湖·开滦旅游景区的门户官网、微信公众号、微信小程序等获得了旅游目的地综合信息，能够更加科学合理地安排游览行程。

二、智慧预约预订

（一）概念阐释

智慧预约预订场景是指运用5G、大数据、云计算、人工智能等技术，在公众号、小程序、移动APP、门户网站等多种渠道建设票务分时预约预订模块，通过后台票务数据管理平台集中管理预订信息，实现多票种分时段预约和销售功能，动态调配游客流量。该场景可以实现线上票务预约预订服务，精准控制游客规模，统筹分时分区游览，科学分配服务资源，避免游客游览时间集中和空间集聚。

（二）具体场景及其应用效果

（1）具体场景：唐山南湖·开滦旅游景区官网、微信小程序以及公众号都设置了预约预订板块，游客可以根据自身需要进行门票预订、导游预约等。

（2）应用效果：景区通过在微信小程序、公众号以及景区官网设置预约预订板块，实现了线上票务预约预订服务，通过后台票务数据管理平台集中管理预订信息，景区能够精准控制游客规模，避免游客的时空聚集。

---

① 水墨洞天.【文创前沿】文旅部：发布10个智慧旅游应用典型场景［EB/OL］.（2022-10-14）［2023-07-16］. https://www.sohu.com/a/592804047_121124800.

三、智慧交通调度

（一）概念阐释

智慧交通调度是指运用物联网、5G、大数据、云计算、地理信息系统（GIS）、卫星定位等技术，在旅游道路沿线安装感知、互联和控制等信息设备，实时监测和分析道路及交通工具的通行状况、分布位置等信息，科学合理调动分配旅游区域内的道路交通资源，实现旅游交通的智慧调度。该场景可优化旅游区域内的交通运输环境，提升通行效率，提升游览舒适度和安全性①。

（二）具体场景及其应用效果

（1）具体场景：游客在抵达唐山南湖·开滦旅游景区后，可通过景区内 12 座智能车站购买观光电瓶车环线票、单站票、小火车票。景区主要景点设置 6 处观光自行车租赁场，提供 100 辆观光自行车，设置 4 个码头、103 艘游船供游客游玩。

（2）应用效果：景区通过打造智能交通体系，改善了游客游览体验，提升了游览舒适度和安全性及通行效率，实现了游客在景区内畅通畅游。

四、智慧旅游停车

（一）概念阐释

智慧旅游停车场景是指运用图像识别、卫星定位、地理信息系统（GIS）、红外热成像、传感等技术，在停车场出入口处、车道、车位等安装监控、引导、检测、收费等设备，实时监测采集车位预约、使用等信息，通过后台数据分析和对客服务端信息推送，便利游客查询、预订、导航、停车、交费等，实现停车场优化利用。该场景可为游客停车提供精准化便捷化服务，提升停车场管理能力和使用效率。

---

① 中国新闻网．加快推进智慧旅游发展　智慧旅游场景应用指南发布［EB/OL］．（2022-09-30）［2023-07-17］．http://www.travellinkdaily.com/tld/kj/25425.htm.

（二）具体场景及其应用效果

（1）具体场景：唐山南湖·开滦旅游景区通过运用图像识别、卫星定位、地理信息系统等技术，在停车场附近区域安装了监控、引导、检测、收费等设备，实时监测采集车位预约、使用等信息，通过管理平台的数据分析及对客服务端的信息推送，为游客查询、预订、导航、停车等提供便捷。

（2）应用效果：一是为游客停车提供便捷，游客通过预订功能可提前预留车位，解决了游客自身抵达景区后停车难的问题。二是提升了停车场的管理能力和使用效率。

五、智慧游客分流

（一）概念阐释

运用5G、大数据、物联网、地理信息系统（GIS）、生物识别等技术，通过视频监控、传感设备等获取特定区域即时人流密度和流向流速等数据，依托游客流量大数据平台，自动比对区域游客最大承载量，动态预测拥堵区域和时段，实时发布游客流量预警信息，及时告知游客调整游览线路，科学疏导分流。

（二）具体场景及其应用效果

（1）具体场景：唐山南湖·开滦旅游景区依托景区内部的智慧化数据平台，及时公布入园人数等信息。

（2）应用效果：利用该场景唐山南湖·开滦旅游景区能够实时监控游客流量，有效疏导景区拥堵状况，提高了游客游览的舒适度和安全性。

六、智慧导览讲解

（一）概念阐释

智慧导览讲解场景是指运用5G、大数据、人工智能、虚拟现实、蓝牙等技术，通过自动定位、景观识别、近距离感知、人机交互、多媒体展示等功能，采取语音、文字、图片、视频等形式，为游客提供基于位置的个性化路线推荐、导览和讲解等服务，为旅游活动提供形式多样的信息提示。该场景有助于创新导览讲解方式，丰富讲解内容，帮助游客合理安排游览线路，充分了解游览内容，满足游客的个性化和多样化游览需求。

（二）具体场景及其应用效果

（1）具体场景：唐山南湖·开滦旅游景区引入了云计算、大数据、人工智能、物联网等技术，紧密结合景区票务系统，实行身份证、人脸识别和扫描二维码三种入园形式，为游客入园游览提供便捷；景区重点区域无线网络全覆盖，对丹凤朝阳广场、龙山阁、湖畔往事、皮影乐园等 22 处重点区域提升游客畅游无线网络体验；在景区内各种不同场景，提供景点、卫生间、出入口、停车场等地点搜寻服务；游客还可以通过唐山南湖·开滦旅游景区游客端的导游导览功能，实时收听景点详细信息讲解，深入了解景点情况，满足自身所需。

（2）应用效果：游客入园及游览效率得到提升，游览体验得到增强，对游览内容的理解更加深入，其个性化及多样化的需求得到满足。

七、沉浸式体验

（一）概念阐释

沉浸式体验是指运用 AR、VR、MR、裸眼 3D、4D/5D、全息投影等技术，结合环绕式音响、多通道同步视频、高清立体显示等设备，通过交互式空间营造，创新内容表达形式，打造虚拟场景、多维展陈等新型消费业态，丰富数字旅游产品的优质供给。该应用场景有利于增强代入感和互动性，提升游客的感官体验和认知体验[①]。

（二）具体场景及其应用效果

（1）具体场景：唐山南湖·开滦旅游景区官网、微信小程序、公众号等提供线上

① 水墨洞天.【文创前沿】文旅部：发布 10 个智慧旅游应用典型场景［EB/OL］.（2022-10-14）［2023-07-17］. https://www.sohu.com/a/592804047_121124800.

虚拟景区观看功能，游客可以在线上观看景区全貌。

（2）应用效果：唐山南湖·开滦旅游景区应用该场景增强了游客的代入感和互动性，提升游客的感官体验和认知体验。

八、智慧酒店入住

（一）概念阐释

智慧酒店入住是指运用5G、大数据、物联网、传感、生物识别等技术，采用非接触式等快捷自助服务设备，为游客提供身份证扫描、人证对比、核对订单、确认入住、票据打印、自助续住、房卡发放回收、一键退房等服务，实现酒店管理系统、公安登记系统、门禁系统、在线预订平台等多个系统的数据协同。该场景可帮助游客在酒店实现快速入住，提升游客入住体验。

（二）具体场景及其应用效果

（1）具体场景：唐山南湖·开滦旅游景区运用5G、大数据、物联网、传感、生物识别等技术，采用非接触式等快捷自助服务设备，为游客提供身份证扫描、人证对比、核对订单、确认入住、票据打印、自助续住、房卡发放回收、一键退房等服务，实现酒店管理系统、公安登记系统、门禁系统、在线预订平台等多个系统的数据协同。

（2）应用效果：帮助游客在酒店实现快速入住，提升游客入住体验。

九、智慧旅游营销

（一）概念阐释

智慧营销是指运用5G、大数据、人工智能、云计算、融媒体等技术，收集游客受众分类、规模数量、结构特征、兴趣爱好、消费习惯等数据，通过游客画像分析确定市场开发方向、锁定消费客群，并采取线上线下相结合的营销方式，向目标市场和目标客群精准推送相关旅游产品信息。该场景有利于把握旅游消费趋势，细分客源市场，制订针对性的宣传方案，实现精准高效营销。

（二）具体场景及其应用效果

（1）具体场景：唐山南湖·开滦旅游景区运用5G、大数据、人工智能、云计算、融媒体等技术，收集游客受众分类、规模数量、结构特征、兴趣爱好、消费习惯等数据，通过游客画像分析确定市场开发方向、锁定消费客群，并采取线上线下相结合的营销方式，向目标市场和目标客群精准推送相关旅游产品信息。

（2）应用效果：有利于唐山南湖·开滦旅游景区把握旅游消费趋势，细分客源市场，制订有针对性的宣传方案，实现精准高效营销。

十、智慧安全监管

（一）概念阐释

智慧安全监管是指运用5G、大数据、云计算、物联网、人工智能、图像识别、地理信息系统（GIS）、智能视频监控等技术，在出入口、集散地、重要游览点、休憩服务场所、交通枢纽地带、事故易发地、环境保护地等安置视频监控和物联传感设备，建立实时监测、通话与定位、自动处置、SOS救援等系统；或通过无人机技术丰富立体安全防控网络，通过无人机自主巡检弥补固定位摄像头视野盲区，实现视频监控、重点喊话、关键人追踪、探索环境智能监测等功能，打造立体化、全覆盖、智能化安全防控网络。该场景能够实现早期安全预警，及时发现和有效处置各类安全隐患，保障游客人身安全和旅游环境安全。

（二）具体场景及其应用效果

（1）具体场景：一是唐山南湖·开滦旅游景区内部实现了视频监控全覆盖，高效整合原有及新增摄像头1386个，其中316个摄像头具备AI识别功能，在景区内形成全方位、全天候、高清化、智能化的视频监控系统，为景区管理提供统一、实时的监管保障。二是智慧消防实现联动，景区智慧消防纳入唐山市中消云系统，接入1673个消防设备，24小时进行监测，实现区域消防设施、服务站、医疗资源及人员的联动，提供求助点与资源站之间最优路线和时间计算，快速准确地消除火灾及相关隐患①。

（2）应用效果：实现了景区内部早期安全预警，及时发现和有效处置各类安全隐患，保障游客人身安全和旅游环境安全。

第三节　案例实践创新点

一、四中心一体化，助力决策高效化

智慧景区平台通过分块管控数据中心、视频中心、指挥中心、业务中心，统一管理底层数据，实现了平台内数据的共享与实时统一。通过实时的数据、监测以及趋势分析，景区决策者可掌控数据要点，做到心中有数、手中有策，实现景区高效运营高效决策。

二、设备服务智能化，实现游玩便捷化

景区官网、微信公众号和微信小程序所涵盖的各种资讯及预约预订服务涉及了吃、住、行、游、购、娱各个方面。"一部手机游南湖"为游客提供了游前、游中、游后的立体式游玩便捷体验。

三、智慧数据可追踪，推动智慧营销精准化

景区通过运用高新技术在智慧景区平台收集追踪游客游玩项目等旅游行为数据，实现游客行为数据可查可验、可分析助力景区细分市场，实现精准营销。

① 中国旅游新闻客户端．国家文旅部推广"唐山市南湖·开滦旅游景区智慧旅游探索"典型案例［EB/OL］．（2022-01-27）［2023-07-17］．http://www.tsggwl.com/new-15959.html.

四、数据统计精准化，助推智慧运营精细化

对景区内业态数据进行精准统计（上至票数，下至单数）以分析各经营业态的经营状况，通过多维度数据分析为景区各业态运营服务提供精准指导。

五、智慧监控可视化，景区监管保障佳

景区通过高效整合原有及新增摄像头 1386 个（316 个摄像头具备 AI 识别功能），在景区内形成全方位、全天候、高清化、智能化的视频监控系统，为景区管理提供统一、实时的监管保障。基于景区内部设备检测、后台数据分析、实时联动监控流程，景区内部实现无警检测、预警通知、及时出警的全方位实时安全运转。

第四节　案例应用经验推广

唐山南湖·开滦旅游景区在探索智慧旅游景区的建设过程中，形成了一批值得推广的应用经验。一大批智慧旅游场景应用的背后离不开以游客为中心的现代化运营理念的指引、高新技术和相关基础设备设施的引进、先进智慧管理体系的建立。由此，从该案例中我们可获得的智慧景区建设的推广经验有如下重点：

一、树立以游客为中心的现代化运营理念

智慧景区建设当牢固树立以游客为中心的现代化管理理念，从游客需求入手，结合景区实际情况为游客提供高效且满意的服务。如通过景区官网、微信公众号、小程序等为游客提供全方位、多方面的信息资讯与预约预订服务，针对不同游客推荐个性化的游览线路等。

二、夯实智慧景区基础设施建设

智慧景区建设应当引进高端的技术及设备设施系统，夯实智慧景区的基础设施建设，以推动智慧服务、智慧管理、智慧运营的全方位提升，推动大数据、云计算、物联网、人工智能、5G、AR、VR 等技术与智慧旅游的深度结合。具体措施如重点区域无线网络全覆盖，全方位、全天候、高清化、智能化的视频监控系统覆盖景区全部区域，保障对景区进行统一、实时的监管。

三、建立先进智慧的管理体系

智慧景区建设应当建立智慧管理体系，以加强游客、旅游资源、服务人员、管理部门之间的良性互动，实现传统管理方式向现代化智能管理的转变。在智慧景区建设过程中可通过智慧景区平台，及时准确地掌握游客活动信息，形成游客数据库和数据分析体系，让景区各管理单位之间形成信息共享和协作联动，全面了解游客的需求变化、意见建议，实现科学决策和科学管理，同时结合游览信息数据形成预测预警机制，提高应急管理能力，保障游览安全，实现投诉的有效处理，维护正常游览秩序。

参考文献

[1] 谢双. 旅游景区的信息化、数字化、智能化[J]. 中外企业家，2015（05）：37.
[2] 施若，刘永进. 贵州省扶贫资金运行监管信息化发展研究[J]. 农村经济与科技，2018，29（08）：180.
[3] 文化和旅游部发布《"十四五" 文化和旅游发展规划》[DB/OL].（2021-06-04）[2023-07-16]. https://zwgk.mct.gov.cn/zfxxgkml/ghjh/202106/t20210604_925006.html.
[4] 唐山南湖·开滦旅游景区官网. 唐山南湖·开滦旅游景区[DB/OL].[2022-07-16]. http://tsnhkljq.com/#/index.
[5] 文旅之声.《智慧旅游场景应用指南（试行）》发布[DB/OL].（2022-09-29）[2022-07-16]. https://mp.weixin.qq.com/s/ZvYDx8APgiKxuLyEjvWBcw.

第三篇

旅游元宇宙篇

第八章
中国旅游元宇宙发展实践

数字化技术是旅游发展绕不开的领域，旅游可在与科技不断深化融合中，升级迭代出新的具有创造力的旅游产品，为旅游产业的发展注入新的生命力。在元宇宙的中国本土发展中，文化旅游是被探讨的重点项目，《“十四五”文化和旅游科技创新规划》中就进一步明确了文化和旅游科技创新发展等专项规划，为文旅元宇宙指明前进方向。

“元宇宙 + 文旅”具有不同于数字文旅的更充分的发挥空间，在更大程度上实现了对时间和空间的突破。从现实与虚拟交互的角度，文旅元宇宙能够以优秀的传统文化、非物质文化遗产为内容载体，实现文化“活起来”的现象，促进文化传播、增强沉浸式互动体验，更能推进元宇宙在文旅领域创造新的精神文明。我国在“元宇宙 + 文旅”方面开展过各类尝试。本章主要分析西安、张家界、敦煌三个城市中文旅元宇宙的应用案例，探查其中数字藏品（NFT）、虚拟人、虚实结合三种形式的文旅元宇宙开发热点，并讨论案例建设的创新点与不足之处，畅想未来中国旅游元宇宙的发展图景。

第一节　案例介绍

一、西安大唐不夜城 × 元宇宙

大唐不夜城坐落在西安的大雁塔脚下。景区以盛唐文化为背景，主要以唐朝文化为主题元素，建有四大广场、四大文化场馆以及五座文化雕塑，是融购物、餐饮、娱乐、休闲、旅游、商务为一体的一站式步行街，更是国内唯一一座以盛唐文化为主题的、规模庞大的仿唐建筑街区。作为到西安旅游的必选之地，每年拥有近 1.2 亿人次的巨大流量。

2021 年，西安曲江文投与深圳太一集团合资设立西安数字光年软件开发有限公司，打造了世界上第一个以唐代历史和文化为背景的《大唐・开元》元宇宙项目[1]，用数字技术将中国传统的建筑带到了虚拟的世界里，以虚拟与现实的交互为起点，现代科技结合传统文化，为游客带来高自由度的沉浸式网络世界体验。目前该项目已初步落地，为游客提供可探索的元宇宙空间。

（一）基于传统文化的数字藏品

数字藏品（NFT）是区块链上的“所有权证书”，代表着“数字资产”的归属权，具有独特的存在意义。通过“元宇宙”的能力，游客可以超越现实做到现实世界中做不到的事情，获得不一样的成就感和体验感，比如拥有属于自己的数字宝藏。

2021 年 10 月 21 日，蚂蚁链正式启动了“宝藏”计划，以数字藏品为载体，帮助文旅业推动文化创新形态的发展。在 11 月 3 日、4 日，蚂蚁链宝藏计划上线了“大唐开元・钟楼”和“大唐开元・小雁塔”，以最大细节还原古建筑形态，展示古建筑的历史性和艺术性[2]。两个数字藏品作为西安首个 3D 建筑模型的数字藏品开启正式发售，每一件藏品售价为 19.9 元，共发行 2 万份，上线后便被大量用户购买，仅仅数秒便售罄。随后景区又应景限量发售“大唐灵境・专属建筑藏品”和“头号财神”数字藏品等。2022 年大唐不夜城又相继推出以唐朝著名“背包客”——诗仙李白为创作原型，打造坐卧地球，手举夜光杯的诗仙李白——“莫使金樽空对月”数字藏品，以及参考不倒翁小姐姐，打造身着华丽服饰、妆容精致的不倒翁小姐姐——“花开盛世”数字藏品，收获大众一致的好评。目前，开元数创平台在售卖电子头像等数字藏品。

带有传统文化色彩的数字藏品，突破了传统文化与新科技元素结合的可能性，代表了中华文化的文化精神、文化自信，兼具艺术性和创新性。一系列数字藏品制作与发售的成功，间接说明大唐文化的开发尝试赢得了旅游者的心，为大唐不夜城元宇宙的发展打了一针“强心剂”，未来将继续开拓面向创新 IP 衍生产品的数字经济市场。

（二）跨越时空的镜像世界——大唐灵境

钱学森先生把“Virtual Reality”定名“灵境”，这成为“大唐灵境”一词的灵感来源。大唐不夜城元宇宙开创“大唐灵境”，将元宇宙技术与唐朝厚重历史文化结合，帮助用户更具真实性地沉浸虚拟的数字化世界，“灵境”象征着中华文化圈在虚拟实境、元宇宙技术的一次再开发、革新。数字光年公司与“明城京太学宫”“史图馆”这两个著名的数字古建建筑团队合作，按照真实比例一比一还原长安城风貌，三维重建开放繁荣的唐都城，以达到最真实的场景布置。

“大唐灵境”的重要特征，就是根植于线下大唐不夜城的商业街道等场景，就像大唐不夜城的“镜像虚拟世界”，力求将线下人流、场景转化到线上数字平台，用户可在大唐长安城中实现虚拟逛街、购物，也可以社交、游乐、看直播和各种现场表演，享受代入式消费、沉浸式体验的元宇宙。“大唐灵境”世界里有搭建系统，用户可以自行建造客栈、药行等商铺，搭建自己的家园，举办 NFT 藏品展览等；有社交系统供用户聊天、交友，发展社交网络；有任务系统，将线上与线下结合，完成任务后获得丰富奖励；有剧情系统，用户将体验到与不同内容平台合作的丰富的历史剧情；还有养成系统，包含个人养成、NPC（非玩家角色）养成、动物养成。2022 年，英诺艺术正式入驻大唐灵境东市街区，是大唐灵境盛世古都的第一家艺术空间，未来还可以实现线上线下联动沉浸式云展览，实现元宇宙赋能线下实体展览。

“大唐灵境”的发展还在逐步探索，未来应以大唐不夜城为开端，并且逐步完善基础设施、经济系统、娱乐模块等，最终形成一个完整的、属于中国的大唐元宇宙世界。

二、张家界国家森林公园 × 元宇宙

张家界市位于湖南省西北部，辖管永定、武陵源两区和慈利、桑植两县。张家界国家森林公园自然景观兼有泰山之雄、桂林之秀、黄山之奇、华山之险，保持着长江流域五千年以前原始的、古朴的自然风貌，有“奇峰三千，秀水八百”之美称。

（一）“张家界星球”

2021 年 11 月，张家界元宇宙研究中心在武陵源区挂牌，张家界成为全国首个设立元宇宙研究中心的景区。张家界元宇宙研究中心以数字化技术赋能旅游产业，通过寻求多方合作，培育旅游新兴业态，促进旅游数字化转型，助力旅游迅速融入元宇宙潮流。世界首个景区元宇宙平台“张家界星球”测试版于 2022 年 10 月 28 日发布，

作为张家界元宇宙虚拟空间里的一个平台，“张家界星球”成为武陵源景区通往虚拟世界的重要桥梁[3]。

该平台充分应用中国移动5G、UE5游戏引擎沉浸式的视觉震撼体验。同时，基于XR+5G+T.621国际标准构建XR元宇宙应用平台，建设可任意终端设备无障碍接入的文旅元宇宙空间。游客仅需手机关注“张家界星球”公众号，进入星球页面，就可通过线上浏览，将张家界壮丽美景尽收眼底。网页中，视野随着手指滑动实现360°全景观看，通过调整视角俯视或仰视，使体验者开启一场奇特的飞行之旅，“近距离”地感受张家界的地貌奇观，通过数字孪生技术使体验者足不出户在星球上用不同视角尽情一览武陵源的无限“峰”光……

（二）张家界元宇宙馆

继在全国率先创立元宇宙研究中心之后，张家界国家森林公园携手中国V谷·马栏山视频文创产业园打造国内首个景区超高清元宇宙孪生体验馆。该体验馆应用元宇宙视频、虚拟人与数字孪生技术，以“张家界山水、元宇宙科技、沉浸式体验、数字化互动、网红地打卡”为特色，构建沉浸互动式旅游、数字化信息化智能化文旅服务的创新业态与服务内容，为游客塑造强体验、新场景、有内容的元宇宙游览体验空间。

张家界元宇宙馆使张家界的自然文化和前沿的元宇宙技术创新结合，实现了虚与实的交融、科技与人文的碰撞，变观光为体验，变游览为探索，在数字科技赋能文旅产业上迈出重要一步①。

（三）张家界虚拟数字产品

线下来打卡，线上玩收藏。数字藏品已经成为进军元宇宙的主要途径之一，对景区而言有重要的商业意义，是实现元宇宙中商业变现的重要渠道。张家界元宇宙研究中心积极开发张家界虚拟数字产品。在张家界国家森林公园成立四十周年之际，平台融合武陵源旅游资源，运用数字技术，复刻20世纪80年代初公园游览券，发布了首款数字藏品《1982》数字纪念票。

① 陆波．全国首个超高清景区元宇宙体验馆本月落户张家界国家森林公园［EB/OL］．（2023-04-07）［2023-07-17］．https://hn.rednet.cn/content/646748/99/12538629.html.

（四）虚拟人物

张家界元宇宙研究中心联合五大科技传媒公司，采用最新人工智能技术、高性能渲染引擎，结合张家界少数民族少女形态特色，联合制作了具有数字化外形的虚拟人物。张家界数字代言人的服饰设计灵感来源于土家族和苗族的节庆盛装，试图用科技的方式展现土家族、苗族的服饰之美。

三、敦煌莫高窟 × 元宇宙

敦煌位于甘肃省酒泉市，是古代使团商队东来西往的必经之地，是丝绸之路上最重要的交通枢纽之一。敦煌莫高窟又名千佛洞，是我国著名的四大石窟之一，是我国现存规模最大、内容最丰富的古典文化艺术宝库，也是世界上现存规模最宏大、保存最完好的佛教艺术宝库。1987 年被联合国教科文组织列为世界文化遗产。

（一）敦煌数字媒体展览

由于随着环境气候的变化，温度和湿度甚至是游客呼出的二氧化碳都会对洞窟文物造成破坏。此前有专家预估，整个敦煌宝库将会在未来 50 年到 100 年内湮没黄沙中。敦煌元宇宙诞生于此背景下，景区希望通过科技和创意赋能传统文化，在传统敦煌洞窟艺术基础上创新和赋能，在起到保护洞窟作用的同时，也可以使用户在沉浸式虚拟空间艺术观展中体验生动有趣的艺术。丝道奇华打造的敦煌元宇宙命名为“心境艺术馆”，不同于敦煌石窟的数字版，它是结合古今艺术，融合艺术创新的一个沉浸式虚拟空间。

（二）虚拟人

敦煌莫高窟虚拟人伽瑶，原型是石窟壁画中的神鸟“迦陵频伽”，即声音美妙动听的妙音鸟。服装纹饰与配色灵感也都来自《都督夫人礼佛图》的供养人与《观无量寿经变》洞窟中的菩萨。极具宗教特色的同时，也被赋予了中华优秀传统文化的魅力。伽瑶的形象大气，一颦一笑间尽显古典气韵。为了使人物更加栩栩如生，科技人员对伽瑶的布料暗纹以及毛发鬓角等细节都进行了反复设计。结合动作捕捉、全实时驱动加渲染、真实毛发与实时布料解算、算法优化等多领域技术，使伽瑶宛如自西域而来的精灵，不仅能根据情境做出实时表情，头发、衣服、配饰也如现实一般随风而动。

（三）非遗艺术藏品

2021 年，敦煌美术院携手东方艺术创新工作室“丝道奇华”以及中国首家数字艺术电商平台唯一艺术，推出了首款敦煌艺术系列动态 NFT，并以盲盒的形式分两期推出，共发售了 50 000 份，第二期的 2500 份一上线便迅速售罄，为敦煌文化的爱好者们提供数字化的新体验与新玩法[4]。

敦煌艺术系列 NFT 将动画和原创敦煌古风音乐相结合，生动还原了宫廷乐舞的盛大场景。除了数字化处理外，动静结合的呈现形式也是此系列 NFT 的一大亮点。通过对创新技术的应用，不仅让古老文化以更为安全的形式留存下来、传承下去，还令其焕发出现代的活力。而包括盲盒、集换解锁、自由合成等新鲜玩法的引入，也让观众能够通过更有趣味性的新鲜方式，深入体验敦煌文化的美学魅力和文化价值①。

第二节　案例实践效果

一、带动文旅产业提质升级

（一）丰富创新景区文旅资源

元宇宙与文旅产业的融合，不仅为大唐不夜城景区开发了传统建筑与人物相关的数字藏品、虚实结合的大唐元宇宙，为张家界国家森林公园开创线上世界、具有苗族特色虚拟人以及具有年代感的数字藏品，也为敦煌莫高窟景区打造“心境艺术馆”敦煌元宇宙、敦煌舞乐图虚拟藏品以及虚拟人伽瑶。这些独特的存在打击了同质化、粗制滥造的文旅产品，促进形成全方位、多立体、互动沉浸式体验旅游，极大地刺激了观众的感官，不仅丰富了景区的文化旅游资源、扩大了景区文化 IP 的影响力，更提

① 可有国潮．文旅跨界数字文创热潮兴起 国潮 NFT 进军元宇宙［EB/OL］.（2022-02-10）［2023-07-17］. https://www.sohu.com/a/521695826_121299848.

升了当地文旅资源的品质，带动本地和其他景区挖掘更多具有发展潜力的创新产品。

（二）促进文旅产品虚实结合

“大唐灵境”“张家界星球”“心境艺术馆”是基于现实景区旅游场景和资源，运用虚拟数字技术创造的新的元宇宙空间，这类空间打破了时空限制，在虚拟景区内让旅游者以“发掘者”的身份在虚拟世界中进行探索，使其自主化和个性化特性增强，既保护了自然、人文资源，又可以容纳更多游客。这种虚实结合的应用是超前的，作为发展标杆为广大文化旅游景区提供了应用参考，推进更多景区尝试虚实结合，升级文旅产品。

二、推进中国文旅元宇宙业态突破

元宇宙与文旅的创新性融合，使得中国文旅业态实现新突破。第一，体验是文旅活动和元宇宙共同的特性。元宇宙是对现实世界的重构，通过推动旅游资源永续发展的同时，基于交互体验营造出沉浸化旅游场景，为文旅产业革新创造了综合价值。第二，由于元宇宙对基础设施的需求较高，助推中国文旅元宇宙硬件体系与技术体系不断完善。第三，促进中国文旅数字体系建立，提升游客在食、住、行、游、购、娱等旅游活动中的自主性、互动性和体验性，通过智能化旅游服务与管理，全方位提升旅游者的旅游体验，提高旅游质量。

三、提振中国文旅元宇宙消费市场

旅游异地性的属性导致了传统旅游发展模式的脆弱性，公共卫生事件与自然灾害等因素也成了旅游市场发展的阻碍。而数字技术提高了文旅的科技含量，突破了时间和空间的局限，增强了产品的体验感，成了提振中国文旅元宇宙消费市场的新兴要素。元宇宙文旅产品对旅游进行了内容的填充，形式更加多元化。此外，元宇宙改变了文旅市场生产和传播、消费的方式，通过高科技内核实现多元产业联动赋能，在生产过程实现二次创作、在销售过程提高交易效率，让文旅消费变得更便利、高效、安全。

第三节 案例实践建设经验

一、发展中的创新点

（一）根植文化，引发精神共鸣

无论是西安大唐不夜城、张家界元宇宙馆，还是敦煌的虚拟人物等元宇宙技术下的产物，都离不开文旅发展中重要的文化基因与现实真实场景。中国成功的数字藏品、虚拟人和虚实结合沉浸式业态均根植于中华优秀传统文化，将历史悠久的建筑、华丽考究的服饰与妆容、美丽的自然风光等内容投射到虚拟世界中，展现中国人特有的精神内涵与文化魅力。这些特有的中华文化能够引起国人的共鸣，深入体验中华美学、中华精神力量，找寻在虚拟世界的归属感。

（二）多方联合，培养文旅新业态

在旅游元宇宙的构建中，单凭景区一方势力是创造不了庞大的虚拟世界的，应当联合旅游企业、高新技术企业等，集合各方优势，培养属于元宇宙领域的文旅新业态。我国国务院印发《“十四五”文化和旅游科技创新规划》牵头科技与文旅的融合，指明方向，西安数字光年软件开发有限公司也与古建筑团队合作，张家界元宇宙更是离不开多方面的支持。元宇宙的创建，需要人工智能、区块链技术、物联网等技术的支撑，还有可能需要美术设计、音乐制作等方面的人才，融合多方创设，能够拓宽旅游者的接受层次、互动领域，形成集大智慧于一身的综合文旅元宇宙产品。

（三）旅游者角度，满足虚拟世界需求

在与真实物理空间紧密衔接的数字虚拟世界中，要给游客带来沉浸式旅游体验不仅需要场景与人物声、形的真实展现，更需要从游客体验的角度出发，挖掘游客的需求点。在“大唐灵境”的虚拟世界中，开发者基于唐朝文化背景，结合旅游者场景消费需求，建有搭建系统、社交系统、任务系统、剧情系统、养成系统，满足个性化建

设需求、社交聊天需求、学习文化需求、畅玩世界需求等，可以使旅游者感受到自我被尊重，进一步激发消费欲望，以及线上虚拟体验的向往之情；“张家界星球”设立公众号，以方便旅游者的角度，使其通过手机屏幕便可以足不出户、360° 进行张家界神奇地貌之旅，将美景一览无余，满足了虚拟体验的同时更激发旅游者线下亲身体验自然美景的兴趣，带动更多的线下消费。

（四）创新赋能，驱动资源活化

从资源驱动向创新驱动转变，是旅游业发展面临的新课题。在元宇宙时代，被元宇宙赋能的旅游资源获得了前所未有的创新发展——旅游景区不再必须依赖于物理空间和实体资源。已有的现实资源是发展元宇宙的基础，而元宇宙是资源保存、活化的重要途径。例如，敦煌莫高窟拥有着众多的遗迹、文物，通过元宇宙科技，创新中华优秀传统文化的转化与赓续形式，赋予遗产全新的生命力与活力。在更好地传承中国文化、讲述中国故事的同时，实现对遗产资源的保护。元宇宙对资源的盘活使前世、今生和未来三重维度交集，有利于提升旅游者的旅游体验。

（五）以虚促实，丰富营销手段

没有人能够完全地生活在日常和现实之中，人总要用各种方式尝试短暂逃避现实。元宇宙虚实结合的特点弥补了传统营销方式互动性、参与度、个性化都不足的缺点。从功能角度看，元宇宙本身就自带了良好的营销属性。在发展过程中虚拟人、数字藏品通过第三方宣传平台与销售平台，拓展受众，实现产品的营销。而元宇宙以虚促实的作用使游客主体获得体验参与感、社交满足感与猎奇感，从而推动着产业发展与进步。此外，虚拟人、数字藏品等传播手段为流量输送与变现打下良好基础，有利于实现声量向销量转变。

二、发展中的不足

（一）数字化程度低

数字孪生、区块链、人工智能等技术是元宇宙作为多元科技综合体开展与实现的基础载体。这些技术的运用在数字与游戏等行业十分普遍，而国内文旅设备的科技含量相对较低，受限于技术基础以及高昂成本。因此如何通过元宇宙升级文旅场景与应用范围，提升数字化与旅游的耦合度和落地程度以及优化游客体验感，成了有待不断研究的问题。

（二）内容供应不足

目前国内“元宇宙 + 旅游”的成果存在形式单一、内容有限的缺点，没有充分利用科技对内容进行二次创作与升华。重形式而轻内容，缺少了对内容的深度挖掘。旅游景区若想丰富内容供应，须贯彻文旅融合的主旨，在活化旅游实体资源的同时，也应该深度挖掘文化内涵，以文化为内容载体，丰富元宇宙的内容层面与精神层面，推动长远发展。

（三）元宇宙发展具有不确定性

对于“元宇宙 + 文旅”是什么，我国广大旅游者是模糊的，对于其未来怎样发展，也一直是不明确的。目前我国许多城市、景区对于“元宇宙 + 文旅”的探索处于初级阶段，多是大资本企业掌控高新技术从而引导文旅元宇宙发展方向，大部分中小文旅企业由于技术、资金等原因，未能参与文旅元宇宙的建设，长期如此可能会形成技术壁垒，造成产业垄断，中小文旅企业失去“入场”资格，大型资本会陷入无竞争的环境，资本投资也具有不确定性。

（四）文旅元宇宙市场缺乏统一管理

根据案例，可以发现我国的文旅产业和元宇宙发展具有区域化的特征，尚未形成统一的管理政策和规章制度。对于管理层，各地区政府对于文旅元宇宙的政策制定水平、技术掌握程度是不一样的，加上错综复杂的元宇宙产业，风险和压力加重。对于旅游消费者，在虚拟元宇宙最容易泄露个人信息，随着其在虚拟世界的互动，性格、情感特征方面的信息也可能会泄露，所以旅游者陷入风险消费、暴露个人隐私的风险也会加大。

第四节 中国旅游元宇宙的未来展望

全国文化和旅游市场加速回暖，符合文旅产业发展态势与消费者需求趋势的沉浸式产业成为助推器，是拉动文旅产业与时俱进、实现产业升级的重要力量。要抓住新形势新机遇，进一步探索新经验、开创新模式、做出新示范，推动沉浸式产业高质量发展[5]。

一、加强新技术的应用，打通技术壁垒

区块链技术是发行数字藏品必不可少的关键，能够对特定的数字藏品生成唯一的数字凭证，给予数字藏品独特的价值，提高产品的商业价值、盈利价值，在文旅现阶段 IP 盛行的环境下，具有不可限量的发展前景；“链游”技术是创造游戏性和沉浸性兼备的文旅元宇宙所需要的技术，能够促进虚实结合；虚拟数字人技术是元宇宙世界和现实世界相联系交互的媒介，能够增强虚拟数字的“人”属性，给进入虚拟世界的用户做引导、解说等，提升虚拟世界亲切感。大资本企业可以在区块链技术、“链游”技术、虚拟数字人技术上深耕，不断创新高新技术与文旅产业的融合点，拓展文旅产业的发展层次，构建更具有真实感的元宇宙，引领行业向更高级、持续的方向前行；应当做到技术共享，通过召开分享会等打通技术壁垒，与中小型企业交流互助，进行技术上、资金上的赞助，从而推动文旅元宇宙实现多元化与横向发展。中小资本企业应当跟紧大方向，不断学习高新技术。

二、统一制度管理，规避风险与威胁

结合案例实践建设经验，我国目前大多文旅元宇宙自行发展，而文旅元宇宙发展不可避免地会面临用户隐私、安全威胁，以及行业垄断等问题，单凭地方单体的力量是不足以规避风险的，需要国家有一套完整的政治权力规定、法律规范等运作规则做元宇宙的治理体系。当然还应该有道德伦理方面的约束、对元宇宙版权等的保护对我国文旅元宇宙发展进行统一管理。其中，国家与地方政府要转变思维，将风险管控

意识转变为危机预防思维，重新构建文旅元宇宙发展的管理结构体系，结合目前现实中的行业标准与规则，制定元宇宙世界观下的各行各业的技术等官方标准，给予元宇宙受众最大保障。各方主体也应积极参与文旅元宇宙的精神文明建设，给予技术、监管、反映方面的支持，共同推进可持续发展。

2023年，上海市创意产业协会牵头编写的《2023中国文创文旅元宇宙白皮书》正式发布，该书总结了我国文旅元宇宙发展的大量优质内容，包括地方政府制定的一系列元宇宙产业政策，引导未来该产业的发展壮大，是统一管理的良好工具书，未来可进一步优化。

三、文旅产业深度融合

（一）打造沉浸式“虚拟世界”

元宇宙与文旅相融合是文旅产业发展的必要趋势，运用元宇宙的新概念视角推动旅游产品的内容传播和形式创新，是推动文旅产业发展质量提升与发展可持续的重要方案。基于虚拟世界，元宇宙能发挥出巨大的开发优势，构建更多的虚拟内容与场景。元宇宙通过将实际生活中的内容进行数字化映射，使在虚拟世界复刻与搭建文旅场景具备可行性和可操作性。跳脱出物理空间的束缚，较强交互性与操作性的虚拟场景，使文旅行业中很多交互、体验活动都可以在元宇宙这个虚拟世界实现。游客无须顾忌旅游的异地性、季节性、脆弱性的特点，只需登录云端，即可随时沉浸式探索各地景点。

（二）建设有特色的元宇宙景区

文旅元宇宙通过虚实结合的技术使景区的可探索性极大增强，使旅游者的体验性得到提升。例如，博物馆可应用虚拟现实技术将文物进行呈现，使游客一览文物全貌；通过虚拟人技术“唤醒”历史人物，穿越时空阻碍与游客进行互动，为游客营造身临其境的沉浸式体验。此外，元宇宙景区可以借助数字技术丰富景区在数字场景中的不同业态。数字景点可以依托元宇宙进行景区数字场景的迭代、创新。元宇宙景区可因地制宜进行内容填充，开发不同模式，例如“游戏＋文旅”“社区＋文旅”等。制造出独一无二的特色，建设有特色的元宇宙景区。

（三）多方合作，延展旅游元宇宙产业链

元宇宙与文旅产业的深度融合能够助力文旅产业结构升级、拉动虚拟经济增长。因此，在实践中需要具体分析不同景区的现实环境与虚拟环境的技术水平和应用条件，结合当地的政治、经济与资源状况，实现传统文旅产业优化升级。瞄准目的地推广、产品营销、服务质量管理、资源数字化、元宇宙旅游场景、数字服务六个文化旅游消费场景打造元宇宙时代文旅产品的新标杆。与通信公司合作，利用5G、物联网、云计算、大数据、移动互联、人工智能等技术，聚焦文旅元宇宙、智慧景区、云上演绎、智慧管理等场景，构建融吃、住、游、玩、购为一体的全新数字融合文旅体验，打造数字景区与实体景区间的文旅产业经济良性循环，助力数字经济和实体经济深度融合。与高校联合，更好地推进技术更新迭代，挖掘景区文化内涵，构建适应社会需求，引领时代风向的旅游元宇宙。

四、内容为王，盘活经济活力

（一）符合基本需求，激活消费活力

马斯洛需求理论将人类需求分为五大层次，依次是：生理、安全、情感、尊重和自我实现。因此，元宇宙需要通过满足人们追求社交、体验和意义的需求，来满足人们的高级层次需求。首先，社交属性是元宇宙的重要特性之一，与情感层次相对应。元宇宙通过加强人际交流，实现社群效应。其次，元宇宙通过构造强沉浸感提升游客旅游感知，使游客获得更为真实的沉浸感和体验感服务，符合尊重层次。最后，元宇宙应与精神层面相联系，融入文化内涵与精神内核，使人们可以在虚拟的世界中实现自我价值升华。

（二）以文化赋能，突出内容重要性

文旅产业运用元宇宙技术，可以重构人地之间的关系，实现内容与形式上的转变。在文旅产业发展过程中，需要始终坚持为人民群众服务的价值定位与发展方向。文旅产业的创新发展是为了充分满足人民群众日益增长的精神文化生活需求。要注重把握文化产业发展的特点和规律，把社会效益放在第一位，做到社会效益与经济效益

相统一。坚持“上线、下沉、重塑、出新、彰文、铸魂”的总方针，坚定文化自信、讲好中国故事，实现“以文促旅、以旅彰文”。

参考文献

[1] 新巢建筑传媒．在“元宇宙”里沉浸式环游大唐不夜城，是怎样一种体验？[EB/OL].(2022-09-08)[2023-07-17]. http://www.sydcch.com/shangyedichan/buxingjiequ/2022/0908/8211.html.

[2] 零壹智库．万字长文：元宇宙在教育、游戏、旅游业的场景应用探索[EB/OL].(2022-04-03)[2023-07-17]. https://new.qq.com/rain/a/20220403A08KBG00.

[3] TOP 旅行.《阿凡达 2》再现“国际张”，玩转元宇宙，张家界旅游新体验！[EB/OL].(2023-01-09)[2023-07-17]. https://www.163.com/dy/article/HQLOMHOP0524AV9Q.html.

[4] 奇创旅游集团 Janet. 当“非遗”搭上“元宇宙+文旅”快车道 能否跑出加速度？[EB/OL].(2022-07-13)[2023-07-17]. http://news.sohu.com/a/567045073_121123807.

[5] 新旅界．文化和旅游部产业发展司司长缪沐阳：关于沉浸式产业与元宇宙发展的几点建议[EB/OL].(2023-04-23)[2023-07-17]. https://new.qq.com/rain/a/20230423A06OPA00.

第九章
韩国旅游元宇宙发展实践

元宇宙（Metaverse）一词源于科幻作家尼尔·斯蒂芬森的小说《雪崩》，描述了人们可以通过数字技术探索3D虚拟世界故事。随着元宇宙这一概念席卷全球，世界各国争相布局元宇宙赛道，纷纷探索元宇宙与产业融合发展的路径，以求抢占数字经济的竞争新高地。元宇宙为产业发展提供技术支撑，促进产业结构变革。在新冠疫情背景下，元宇宙所构建的虚拟空间以及沉浸式体验与未来旅游产业发展的方向相契合。旅游业已将元宇宙视为重塑旅游格局、促进旅游业复苏与发展的新风口。其中，韩国在旅游元宇宙的实践方面走在了世界的前沿。

为打造智慧旅游生态系统，韩国政府和地方政府实施了建设智慧旅游城市的项目。其中，首尔和仁川开放港是韩国创建较早的智慧旅游城市，智慧旅游城市计划到2022年增至10个①。本章在介绍韩国智慧旅游城市案例的同时，探讨元宇宙概念如何支持智慧旅游城市的创建，总结“旅游+元宇宙”融合的成功经验。

第一节　案例简介

2021年11月12日，韩国政府召开第六次国家旅游战略会议，制订了旅游产业复苏及再跃进的详细计划。按照计划，韩国政府将着力推进元宇宙等虚拟旅游与实际访客智慧旅游，并聚焦科技赋能[1]，打造融合韩国主要景点的“韩国旅游宇宙平台”，以提升游客体验。

① 电玩巴士．起风了：韩国计划在2026年成为元宇宙大国［EB/OL］.（2022-01-25）［2023-07-16］. https://www.sohu.com/a/519005235_329717?scm=1002.590044.0.10052-170.

一、仁川旅游元宇宙平台

仁川运营的元宇宙概念应用于旅游服务分为基于现实的元宇宙和基于虚拟的元宇宙。其中，基于现实的元宇宙关注现实世界，通过虚拟技术强化现实世界的旅游体验；基于虚拟的元宇宙在与现实世界分离的虚拟空间中展开，它为游客提供全新的旅游体验。

（一）基于现实的元宇宙：增强现实仁川

AR，增强现实通常被定义为基于物理世界环境，通过数字设备由计算机生成的图像提供的增强真实体验。AR 应用程序的应用，增加了旅游吸引力。

仁川提供的 AR 服务基于智能手机展示单向互动内容。仁川的 AR 服务比大多数智慧城市和博物馆提供的通过数字展示内容、传递信息等简单的 AR 服务要更先进，可以无缝连接现实世界和虚拟世界。例如，在 AR 导航服务和 AR 地图方面，仁川提供历史地图和扩展的现实体验，并通过历史人物的指引，帮助游客“穿越”回该景点的重要历史时刻，让游客置身于历史场景中，领略当时的风土人情。当游客结束全景虚拟镜像世界之旅后，游客可以在社交网络上分享体验。此外，还有向游客下达任务的游戏化服务“仁川行动”（“Operation Incheon”），以通关提供奖励的形式吸引游客参与服务。

（二）基于虚拟的元宇宙：我的世界之仁川版本（IncheonCraft）

仁川开发了通过使用“我的世界”游戏提供“仁川体验”的元宇宙娱乐内容。“我的世界”是一款沙盒游戏，玩家通过“化身”的形式自由探索虚拟世界。玩家哪怕没有亲身参观过仁川，也能够在元宇宙世界中无限制地创建和体验仁川。“我的世界”中也有间接体验的例子，例如“英国遗产”提供了无须交互的“镜像世界”体验。然而，仁川希望通过完整的“虚拟世界”体验，让游客享受到在现实世界中无法获得的难忘经历。“我的世界之仁川版本”的景观仿制仁川的外观建立，建筑风格主要参考了韩国传统建筑，例如宫殿、庙宇以及古典的汉屋。游戏中设置了诸多韩国景点、文化场所以及具有韩国特色的装饰品，玩家在仁川的虚拟世界旅行中可以感受到韩国浓厚的文化氛围。该游戏不仅能够以全新的角色支持玩家探索、社交和创作，还能使玩家通过历史人物体验历史事件，向玩家深度展示韩国的历史文化。

二、首尔旅游元宇宙平台

全球各地都在努力建设元宇宙，而韩国“元宇宙首尔”项目进展最为迅速，成就最为显著，成为全球首个创建高性能元宇宙平台的城市。2021 年 11 月韩国发布“首尔元宇宙基本计划”，明确表示首尔共投资 39 亿韩元建立虚拟世界的生态系统，涵盖经济、政务、文化旅游和基础设施等 7 个行政服务领域的 20 项任务[2]，建设数字经济、公共管理、文化旅游三大平台，以改善城市服务以及虚拟旅游的规划、管理和支持。该计划旨在把首尔打造成为一个共存的、安全的城市，一个全球的领导者。

首尔元宇宙平台和生态系统将分引入（2022 年）、扩建（2023—2024 年）和完成（2025—2026 年）三个阶段建设[3]。目前首尔已经完成了引入阶段的平台搭建，引入旅游、经济、教育等领域的服务。首尔致力于打造元宇宙行政服务生态，向来自国外的虚拟游客开放，拉近各国游客与韩国传统文化的距离。首尔向元宇宙城市的转变标志着智慧城市发展的一个新阶段。

（一）建立“元宇宙观光首尔”平台

首尔通过元宇宙技术发展“虚拟旅游区”，搭建“元宇宙观光首尔”平台。该平台打造出首尔传统文化特色和现代化建筑风格相结合的城市形象，让游客们能够身临其境地感受首尔的魅力。在此，游客们可以参观德寿宫、光化门广场、南大门市场等首尔地标，深入了解首尔悠久历史的文化遗迹和网红打卡景点。此外，韩国代表性节日、博物馆等与元宇宙密切结合，首尔鼓节、花灯节、贞洞夜行等韩国特色的传统节日庆典以及大型的博物馆、美术馆展览陆续在元宇宙平台亮相[4]。

未来，“元宇宙观光首尔”将注入更多的特色元素，例如引入街边表演项目、热门餐厅等实体店铺，以及通过旅行社开展虚拟空间团体游，提供现实与虚拟相结合的新型旅游服务[5]。

（二）复原和重现历史文化建筑

首尔利用元宇宙技术复原毁坏的历史遗迹，在虚拟空间重现历史建筑风貌。首尔在虚拟空间中“修复”旧城墙，借助数字影像在原址之上“重建”敦义门，这使游客漫步于历史的光影之中，让游客在聆听关于敦义门和汉阳都城的历史故事的同时，有机会欣赏敦义门的昔日风采，更加深入地了解韩国历史文化。

三、韩国旅游发展局体验馆

2022年12月，韩国旅游发展局体验馆在百度首个元宇宙产品——“希壤”元宇宙平台开放。“希壤”是一个平行于物理世界的沉浸式虚拟空间，韩国旅游发展局体验馆借助元宇宙沉浸体验和多维交互的特性，为旅行爱好者呈现了高度沉浸式的元宇宙体验。

（一）打造虚拟旅行体验空间

韩国旅游发展局抢抓元宇宙风口，借助新技术打造科技感十足的虚拟现实韩国旅游场景，为旅行爱好者搭建了一个元宇宙韩国旅行体验空间。韩国旅游发展局体验馆打造了展示、互动相结合的空间，对大众的体验进行优化，孵化沉浸式空间场景，最终实现多方交流共创的元宇宙空间[6]，进而有效满足MZ世代人群对别具一格、独具特色的旅游形式的需求。

（二）打造多元主题场景

韩国旅游发展局体验馆设置了丰富多元的韩国特色文化和旅游主题场景。体验馆实景复原了韩国代表性地标建筑——光化门广场，构建了超现实主义风格的韩国旅游发展局新大楼HiKR及济州岛梨湖泰宇木马灯塔、江陵浪漫海边等多个奇趣场景①，旅行爱好者可以在体验馆中与kingdom friends一起乘坐汉江地铁，欣赏落日余晖。今后，韩国旅游发展局体验馆还将规划更多主题场景内容，逐步打造线上线下一体化的韩国特色元宇宙旅游生态系统。旅行爱好者在足不出户的情况下，可以进行韩国景区游览、景点打卡和玩家互动等沉浸式虚拟体验，增进对韩国旅游的了解。

---

① 旅新网．全新体验 韩国旅游发展局体验馆入驻希壤元宇宙［EB/OL］．（2022-12-30）［2023-07-17］．https://new.qq.com/rain/a/20221230A09Q4A00.

第二节　案例实践效果

一、增强韩国旅游国际竞争力

旅游元宇宙的推出，为韩国旅游市场带来创新动力和经济增长点，有助于韩国旅游业树立正面形象，进而增强了韩国旅游的国际竞争力。一方面旅游元宇宙促使游客用更加直观、动态和互动的方式来了解韩国的风土人情、文化艺术、特色美食等旅游资源，这种低门槛和低风险的游戏化互动方式让很多游客可以在游戏的过程中学到很多韩国的文化知识，极大地推动了韩国旅游市场的快速发展。另一方面，韩国旅游发展局致力于通过虚拟现实技术的应用，将游戏化、数字化、互动化等先进技术和创意应用于旅游市场，让旅游市场更加活跃、多元化、创新化，将韩国旅游业推向一个新的高度，为韩国旅游经济发展注入新的活力[7]。此外，韩国旅游元宇宙的发展促进了旅游服务行业智能化转型升级，提高了韩国旅游服务品质和水平。

二、增强韩国旅游趣味性和沉浸感

从本质上来说，元宇宙是对现实世界的虚拟化、数字化过程，元宇宙技术的应用拓宽了韩国旅游场景的深度，让游客从被动的走马观花式的游览，转变成为自发的可探索的高参与度体验，极大地增强了韩国旅游的趣味性和沉浸感。韩国建立“首尔元宇宙旅游平台”“首尔元宇宙节”“元宇宙博物馆”等文化旅游平台，将主要景点、代表性节日、博物馆等与元宇宙相结合，通过提供逼真的沉浸式体验打造虚实结合的新型文旅服务，为MZ世代人群、韩国旅游爱好者提供了更加真实和丰富的旅游体验，在收获游客的同时也收获了无数口碑好评，提高了游客满意度和忠诚度。

第三节　案例实践创新点

一、实施政府引领、民间主导的战略

（一）政府引领，扶持政策密集出台

韩国政府在旅游元宇宙领域发挥着重要的引领作用。韩国倡导通过灵活的宏观经济政策来强化政府对产业的控制与调节能力，为旅游元宇宙高质量发展提供坚实的政策支撑、创造有利的政策环境。2020 年末，韩国科学技术信息通信部（MSIT）发布《沉浸式经济发展策略》，旨在将韩国打造成全球五大 XR（扩展现实）经济国家之一[8]，以推动韩国在该领域更快速、更具竞争力的发展；2021 年 7 月，韩国发布“数字新政 2.0”，将元宇宙与人工智能、大数据等并列为发展 5G 产业的重点项目[9]，并提出推动文化和旅游等产业与元宇宙密切融合；2022 年 1 月，韩国政府出台《元宇宙新产业先导战略》，旨在成为全球元宇宙市场的主要竞争者，以吸引更多投资和人才。在财政政策方面，韩国加大资金支持力度促进元宇宙快速发展。2022 年财政预算总共 604.4 万亿韩元，用于加速数字转型和培育元宇宙等新产业的资金计划拨出 9.3 万亿韩元。

此外，韩国计划建立监管机构，将不同部委联合起来，监测元宇宙数据保护、非法行为和知识产权保护等问题①。

（二）民间主导，构建元宇宙生态系统

在民间主导下组建“元宇宙联盟”（Metaverse Alliance），在现实和虚拟的多个领域构建开放型元宇宙平台。2021 年 5 月，韩国政府倡导成立了“元宇宙联盟”，旨在通过政府和企业的合作促进元宇宙技术和生态系统的发展。元宇宙联盟初期由 17 家公司组成，现已吸引了包括三星、KT（韩国电信巨头）在内的 500 多家公司和机

① 搜狐网 . 韩国官方将投资 1.77 亿美元押注元宇宙［EB/OL］.（2022-06-02）［2023-07-17］. https://www.sohu.com/a/553631054_121347653.

构[①]。在“元宇宙联盟”中，所有成员共享元宇宙技术资源。

2021 年 11 月，韩国虚拟增强现实产业协会（KoVRA）和韩国移动产业联合会（MOIBA）共同发起成立“韩国元宇宙产业协会”（K-META），该协会建立起政府政策支持与民间创新活动之间的纽带，它提供了大量与元宇宙相关的培训和咨询服务，以及法律和政策指导。“韩国元宇宙产业协会”的成立将加速元宇宙技术的发展和商业应用，并进一步增强韩国在元宇宙产业的竞争力。

二、支持旅游元宇宙内容创作

（一）鼓励创作优质旅游元宇宙内容

韩国重视优质旅游元宇宙内容的制作，着力培育融合新技术与先进文化的 K-Contents（VR/AR 内容）。基于新技术，韩国将传统文化、景区观光、游戏、动漫、艺术等内容制作成 K-Contents，作为旅游元宇宙内容，进而将韩国文化传递给各国旅游爱好者。韩国仁川打造了 VR/AR 内容制作支持中心，并制定了“VR/AR 产业中长期发展战略”，以推进和发展本地内容产业。此外，韩国注重打造文旅融合游戏、动漫、综艺等数字娱乐产品的元宇宙 IP，在景区打造虚拟数字明星、动漫人物，推出虚拟人元宇宙演艺舞台。

（二）搭建旅游元宇宙内容承载平台

韩国积极搭建旅游元宇宙内容展示和体验平台。“线上韩国游，K-VIBE 旅游节（Come Play with Korea，K-VIBE Festa）”是韩国文化、体育和旅游部（Ministry of Culture，Sports and Tourism）和韩国旅游发展局（the Korea Tourism Organization）联合推出的一项旅游宣传活动。该活动以“Come Play With Korea”为主题，基于扩展现实（XR）技术实现的元宇宙（Metaverse）平台，展示了韩国釜山、庆州和首尔等城市的著名旅游景点和特色美食餐馆，为世界各地的旅游爱好者提供新鲜有趣的旅游数字化体验。此外，韩国旅游发展局还借助虚拟旅游体验平台“K-Travelog”，向游客提供个性化的线上体验韩国的机会。游客可以在“K-Travelog”平台选择韩国各地的

① 财会服务．各国元宇宙的政策与现状［EB/OL］．（2022-01-26）［2023-07-17］．https://zhuanlan.zhihu.com/p/463619320?utm_id=0.

景区、美食和娱乐来创建自己的旅程，游客可上传自己的照片，在线生成属于自己的旅游行程视频，作为韩国虚拟之旅的纪念。

三、注重培养元宇宙人才

（一）建立元宇宙产教融合基地

仁川推出“仁川 VR/AR 制作支持中心”运营综合性跨行业专业人力资源培训学院，帮助仁川满足相关领域企业对高素质人才的需求，创造更多就业机会。“仁川 VR/AR 制作支持中心”免费提供 AR 和 VR 设备，通过产教融合培养专业人才，进一步加强数字技术方面的人才储备。

（二）设立元宇宙院系及专业

韩国设立元宇宙学院，其主要目标是培养兼具人文艺术素养和数字技术能力的专业人才。该学院预计在 2022 年内将培养出 180 名专业人才，并向包括从业者在内的 700 人提供业务能力提升培训[①]。此外，韩国在元宇宙关键技术和人文社会领域，设立跨专业研究生院，开设学士、硕士和博士课程，以培养虚拟现实和增强现实技术方面的人才。

第四节　韩国旅游元宇宙发展经验借鉴

韩国旅游元宇宙的迅速发展，使韩国走在了数字化旅游浪潮的前端，尽管如此，韩国旅游元宇宙仍存在不足之处：一是支撑韩国旅游元宇宙长期稳定运行的法律体系和监管机制尚未建立，存在数据安全和隐私安全等问题；二是进入旅游元宇宙的入口仍以人机交互和穿戴设备为主，韩国在元宇宙关键技术方面仍需进一步完善。结合韩国旅游元宇宙的实践创新点与薄弱点，总结出以下经验。

① 科情智库. 韩国元宇宙新产业先导战略概述［EB/OL］.（2022-06-13）［2023-07-17］. https://www.secrss.com/articles/43458.

一、加大旅游元宇宙政策扶持力度

出台旅游元宇宙扶持政策，促进旅游产业与元宇宙融合创新发展。韩国将元宇宙产业发展列入了多项国家规划，密集出台相关扶持政策，如以首尔为试点城市，实施“元宇宙首尔推进基本计划”，将专项资金投入元宇宙“产、学、研”，并设立监管机构。韩国旅游元宇宙的实践突出了政府的引领作用，因此政府应高度重视旅游元宇宙的发展，抢占先机，力争成为旅游元宇宙规则的确立者、标准的制定者、行业的推动者。

（一）制订“旅游元宇宙”发展规划

坚持政府引导，编制“旅游元宇宙”发展规划，推出专项性旅游元宇宙产业扶持政策，持续优化旅游元宇宙产业发展环境。政府应支持打造旅游元宇宙核心园区、鼓励培育旅游元宇宙骨干企业。此外，对有影响力的旅游元宇宙企业、公共服务平台、孵化基地等，政府应给予一定政策支持。

（二）强化“旅游元宇宙”资金要素支撑

扩宽融资渠道，强化“旅游元宇宙”资金要素支撑，为旅游元宇宙关键技术研发提供保障。一是加大财政专项资金的扶持力度，对列入国家和省级的“旅游＋元宇宙”示范项目给予资金奖励，对旅游元宇宙核心技术攻关项目予以财政补贴；二是鼓励元宇宙企业创新投融资模式，并积极引导社会资本投入，为旅游元宇宙的发展提供支持；三是引导金融服务机构对优质旅游元宇宙项目提供信贷资金支持，并鼓励金融机构开发符合元宇宙产业特点的金融产品，如知识产权质押融资、科技保险等。

（三）构建旅游元宇宙安全保障体系

健全旅游元宇宙监管机制，加强相关的法律法规建设，以有效监管来防范安全风险。一是完善旅游元宇宙发展过程中涉及的数据安全和知识产权相关的法律，督促企业严守安全底线；二是加快构建旅游元宇宙产业标准体系，细化元宇宙的技术、业务、数据、管理和服务等方面的标准，促进旅游元宇宙产业有序发展；三是建立严格的监管机制，有效防止游客信息、旅游政务、交通等现实社会数据的泄露，规范旅游元宇宙运营平台资质，引导旅游元宇宙市场稳健发展。

二、积极搭建旅游元宇宙平台

加快建设旅游元宇宙平台，推动元宇宙产业技术交流合作，促进旅游资源对接共享。韩国支持建立旅游元宇宙联盟、旅游元宇宙协会，如韩国建立“K—元宇宙全球网络”，为其国内外企业提供交流平台。因此，应把平台建设作为推动旅游元宇宙产业发展的抓手。

（一）打造旅游元宇宙产业服务平台

联合打造开放互联、共生共赢的旅游元宇宙产业服务平台，为旅游行业提供智慧化服务，助力数字化转型。一是打造信息共享平台，及时宣传和推广元宇宙技术及应用成果，打破数据信息孤岛，促进企业合作与产业对接；二是打造共性技术研发平台，聚焦旅游元宇宙产业需求，邀请专家学者、企业代表开展应用基础研究和前沿技术研究，汇聚跨界研发合力，突破共性技术瓶颈；三是打造管理平台，通过大数据分析，为企业提供多维分析和决策支持。

（二）设立旅游元宇宙产业协会

成立旅游元宇宙产业协会，加强行业组织建设，优化旅游元宇宙发展生态。一是秉持资源共享、合作共赢的理念，旅游元宇宙产业协会为相关企业发展提供政策、资金、技术等信息，全方位服务于文旅市场主体；二是充分发挥资源协调、产融联动的优势，组织文旅元宇宙领域的考察交流活动，为相关企业提供一站式交易场景，进而推动旅游元宇宙企业间的交流及跨界协作。

三、培育优质旅游元宇宙内容

（一）打造元宇宙虚拟人

元宇宙技术为旅游虚拟人物的塑造提供了技术基础。元宇宙下的虚拟人物，性格饱满，具有交互能力，其应用场景十分广泛。虚拟人不仅仅是一个数字 IP 形象，它具备多种能力，例如结合时代潮流与城市特色推出的虚拟旅游代言人，可以促进城市形象传播，创新城市旅游营销方式；景区推出的虚拟讲解员承担“向导”角色，能够为游客规划旅行线路、进行导览讲解，增强了景区服务的智能化与便捷化程度，有效提高景区吸引力。元宇宙虚拟人是文旅 IP 依托数字技术、虚拟场景，持续向外拓展的产物，它与人类的对话和互动更加自然有趣，因此元宇宙虚拟人既是优质内容产品，又是重要的营销手段。

（二）推动“元文娱”融合发展

高品质内容是旅游元宇宙持久发展的关键，应着力推进元宇宙与各地特色文化元素融合发展。一是学习韩国，充分发掘文化资源，鼓励将优秀传统文化、经典动漫、音乐、创意设计等内容制作成 VR 内容，提高旅游元宇宙的品质内涵；二是积极探索游戏、艺术表演和影视等文旅元宇宙社交新模式，为游客提供分享型和沉浸型的元宇宙内容与服务。

（三）培育元宇宙文旅新业态

加快培育“云端”文旅业态，打造旅游元宇宙标杆性景观。一是大力支持数字剧场、云上展览和在线剧院发展，丰富云文旅业态，扩大优质元宇宙文旅产品供给；二是引导和支持元宇宙技术在景区景点、特色小镇、主题公园以及城市公共空间等领域的深度应用，发展沉浸式业态，丰富旅游虚拟体验内容；三是激活文旅资源多场景应用，打造一批文旅元宇宙潮流秀场、元宇宙网红打卡点等地标性景观。

四、着力培育旅游元宇宙人才

韩国设置了元宇宙现代产业学院、元宇宙产教融合基地，开设“扩展虚拟世界学院计划”，致力于培养一批人工智能、元宇宙等数字技术的专业人才以及人文艺术知识的年轻开发者和创作者，以促进数字技术与其他研究领域的跨学科融合。

建设一支既有文化内涵、技术水准，又有创新能力的数字文旅产业创新和高技能人才队伍，培养一批数字文化产业复合型人才。健全数字文化和旅游产业人才培养、评价激励和流动配置机制，突出管理的创新性和培养的实战性。加强数字文旅产业人才培养，依托国家级文旅人才培训基地和相关高校与企业创新合作模式，共建实训基地。加快培育面向国际的数字文旅产业人才。

一是引导高校布局元宇宙领域，设置元宇宙专业及相关课程，提升元宇宙人才培养能力；二是鼓励企业与高校、科研院所开展产学研合作，成立元宇宙技术创新中心、元宇宙实训平台，培育一批兼顾数字技术与人文艺术的复合型人才；三是实施人才引智计划，向全球引进元宇宙领域高端人才和团队，积极吸引国内外高水平人才和团队。

五、加大旅游元宇宙技术研发

加大技术研发投入，在旅游元宇宙领域开展基础性、系统性、可持续战略性关键技术开发，积极探索和应用新技术，突破传统文旅产业痛点、难点技术，提升旅游元宇宙产品的技术水平和质量。

一是建立旅游元宇宙领域重点实验，提供技术研发的支撑和保障。鼓励高校、科研机构、数字技术龙头企业设立重点研究中心、研究院，支持旅游元宇宙科技创新、系统研发和应用推广。各类企业和技术组织可以合作共同研发，加快 VR 和 AR 技术的发展并提高应用技术的成熟度和完备度。

二是加强旅游企业与科技公司的技术交流和合作。韩国旅游发展局与百度希壤围绕元宇宙展开密切合作，联合打造的虚拟探索空间——韩国旅游发展局体验馆取得巨大成功。科技公司能够为旅游企业提供技术先进、功能多样和持续迭代的元宇宙基础设施，助力旅游元宇宙落地效率的提升。旅游企业可以与头部互联网企业百度、腾讯等公司开展技术交流和合作，借助科技公司的技术优势，推出经典藏品相关的 NFT 产品，推动旅游元宇宙产业的发展。

三是营造良好的技术创新环境。政府可以通过加强知识产权保护、建立技术创新基金等方式，鼓励旅游元宇宙企业进行技术创新，营造良好的技术创新环境。

参考文献

[1] 元宇宙在教育．万字长文：元宇宙在教育、游戏、旅游业的场景应用探索［EB/OL］．（2022-04-03）［2023-07-13］．https://new.qq.com/rain/a/20220403A08KBG00.
[2] 陆睿．韩国“元宇宙首尔”计划瞄准市政服务［N］．经济参考报，2021-12-14（002）．

[3] 晓瑗．韩国首尔：打造元宇宙之城［N］．人民邮电，2022-02-08（004）．
[4] 杨明．首尔将打造元宇宙行政服务生态［N］．经济日报，2021-11-24（004）．
[5] 每日经济新闻．是科幻还是现实？投资 39 亿韩元，韩国首尔想要成为“元宇宙城市”，还发布了“5 年计划”［EB/OL］．（2021-11-25）［2023-07-17］．https://new.qq.com/rain/a/20211124A0BR1G00.
[6] 飞天云动．体验希壤国内首家海外旅游局元宇宙［EB/OL］．（2023-01-09）［2023-07-17］．https://zhuanlan.zhihu.com/p/597664381.
[7] 界面新闻．元宇宙全新体验，韩国旅游发展局体验馆升级［EB/OL］．（2023-04-11）［2023-07-17］．https://www.jiemian.com/article/9219191.html.
[8] 电玩巴士．起风了：韩国计划在 2026 年成为元宇宙大国［EB/OL］．（2022-01-25）［2023-07-17］．https://www.sohu.com/a/519005235_329717?scm=1002.590044.0.10052-170.
[9] 凤凰网．现代、三星、SK 等巨头齐发力，韩国押注元宇宙产业能成功吗？［EB/OL］．（2022-04-19）［2023-07-17］．https://www.sensorexpert.com.cn/article/39028.html.

第十章
迪士尼元宇宙探索

文旅产业向数字化转型是趋势所向，而元宇宙是文旅产业数字化转型的进一步延伸。全球范围内旅游与元宇宙的融合发展的探索与实践日益深入，景区、主题公园和博物馆等沉浸式数字文旅项目不断涌现，以求借助“旅游+元宇宙”提供全新的虚拟旅游体验，从而探索出疫情背景下突破文旅产业瓶颈的新模式。当前已有诸多文旅企业开始布局元宇宙发展战略，比较典型的例子是迪士尼。迪士尼早在 2020 年就已经着手实施元宇宙战略：用人工智能、机器人、物联网和虚拟现实等技术，将虚实共生的园内外整体体验向更高层级的沉浸感和个性化推进[1]。本章将具体介绍迪士尼是如何拥抱元宇宙的。

第一节　案例介绍

一、迪士尼概况

华特迪士尼公司（The Walt Disney Company）由华特·迪士尼和洛伊·迪士尼于 1923 年创立，是一家拥有完整产业链布局的多元化的全球娱乐公司。迪士尼的四大板块业务（影视娱乐业务、主题公园度假区、消费衍生品业务、媒体网络业务[2]），为其 IP 构建了可以流转和增值的生态版图。其中，影视娱乐业务具备 IP 内容创造价值的授权功能；其主题公园度假区将 IP 内容具象为体验式产品；消费衍生品业务是授权经营、出版、零售商品，它将 IP 向消费者生活进一步渗透；媒体网络业务是 IP 的传播渠道端。

根据 AECOM（前瞻产业研究院）统计数据，在 2020 年世界排名前 10 位（按 2020 年客流量排名）的主题公园中，迪士尼集团占半数。从迪士尼集团经营状况来看，2019 年收入达到近年最高，为 695.70 亿美元；2020 年迪士尼集团收入受疫情影响略有下降，为 653.88 亿美元[3]。由于虚拟世界的炒作，迪士尼的利润在未来可能会进一步飙升。

二、迪士尼的元宇宙战略认知

在“元宇宙”主题公园赛道上，迪士尼是入局的业界先锋。2020 年底，迪士尼着手布局“元宇宙”战略，开始探索如何在迪士尼乐园游乐项目组合中解锁“元宇宙”技术[4]。

迪士尼集团任命其首位“元宇宙执行官”迈克·怀特（Mike White）制定元宇宙战略，负责“下一代故事讲述”和“消费者体验”[5]。迈克·怀特专注于了解虚拟现实（VR）、增强现实（AR）等元宇宙技术，这些技术为迪士尼和其他娱乐媒体集团提供了一系列全新的工具，用于构建全新的观众体验。

迪士尼一直不断探索如何掌握 Web3 技术，并不断制订计划朝着虚拟世界前进。迪士尼前数字业务执行副总裁蒂拉克·曼达迪（Tilak Mandadi）表示，迪士尼乐园讲故事的方式在不断变化：从经典的故事，到互动的故事，再到沉浸式的故事。Tilak Mandadi 认为沉浸式地讲故事的方式要通过“主题公园元宇宙”的概念来实现：创建一个元宇宙主题公园，将“现实世界和数字世界联结在一起”，通过可穿戴设备、数字接入点与智能手机，把虚实共生的园内外整体体验推进到更高层级的个性化和沉浸式[6]。

三、迪士尼元宇宙产业链布局

迪士尼基本形成了对元宇宙赛道全方位、多角度的布局。根据文公智库发布的《全球传媒 100 强元宇宙战略布局研究报告》中所构建的元宇宙产业链分析框架，本部分将从创作开发、通用技术、消费体验、交互硬件、基础设施五个方面介绍迪士尼公司的元宇宙产业链布局。

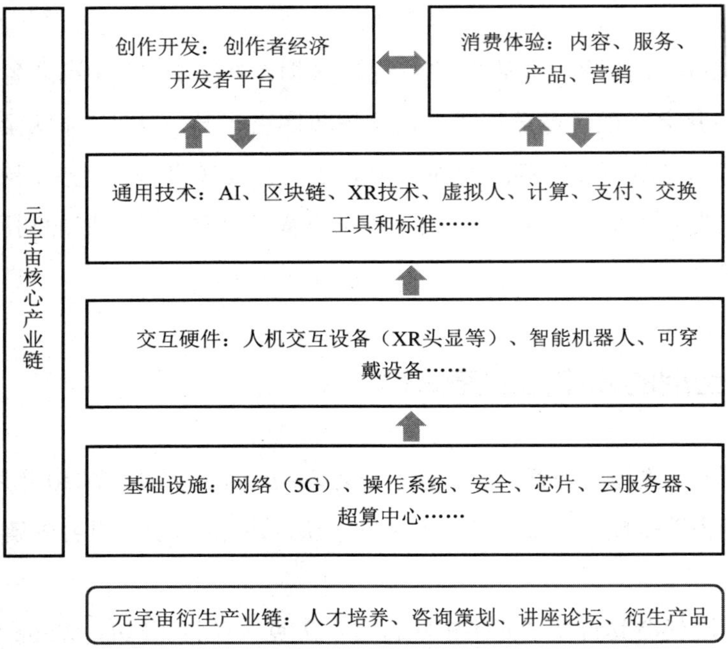

图 10-1 《全球传媒 100 强元宇宙战略布局研究报告》构建的元宇宙产业链分析框架

（一）创作开发

Disney+ 是迪士尼于 2019 年 11 月 12 日推出的在线流媒体平台，它既围绕迪士尼旗下主要娱乐产业公司的影视内容进行建设，又计划进一步深化现有节目和开发原创节目。2020 年 12 月 11 日，Disney+ 全球付费用户超 8600 万；2021 年 3 月，Disney+ 全球订阅用户数突破 1 亿大关[①]。未来 Disney+ 将从在线流媒体服务转变成“体验式生活方式平台”，能够服务那些无法线下进入园区的人，让游客从虚拟角度体验迪士尼乐园。

（二）消费体验

1. 游戏元宇宙

2022 年 4 月 28 日，迪士尼实施了迈向元宇宙的关键一步——携手老牌手游厂商 Gameloft（智乐软件）推出全新的沉浸式模拟游戏《迪士尼梦幻星谷》。《迪士尼梦幻

① 陈翔宇 .【元宇宙】下一代讲故事的伟大前沿领域 | 迪士尼的元宇宙战略［EB/OL］.（2022-07-13）［2023-07-13］. http://news.sohu.com/a/567014313_100156729.

星谷》是一款结合了生活模拟和冒险的游戏，从角色到场景采用了经典的 3D 迪士尼画风[7]。《迪士尼梦幻星谷》拥有丰富的任务和趣味横生的活动，该游戏已在 Steam Store、Epic Games Store、Xbox Games 等多个游戏平台上线，其中 Steam Store 好评率达到 93%①。

2. 服务体验元宇宙

2021 年 3 月 30 日，迪士尼推出“Disney Magic Mobile”服务，供苹果手机和苹果手表用户使用。用户可在手机中领取虚拟 Magic Band（魔法腕带），并使用它来解锁酒店预订、购物等功能，从而实现用手机或手表与园区的互动。

（三）通用技术

XR（扩展现实）项目——“超体空间 SoReal VR”。“超体空间 SoReal VR”是以中国古典名著《西游记》为主题打造的全沉浸式体验空间，共上下两层，总面积达 5000 平方米。第一层为 9 款不同类型的沉浸式体验项目，具体包括 6 大 XR 创新载具体验和 3 款大空间行走多人沉浸式 VR 互动体验，项目采用先进的 5G 边缘计算解决方案，辅以水雾系统和移动滑块等，增加了游客体验的流畅度和真实感[8]。第二层是由奥运会主创团队借助雷达互动、3D 扫描和三维全息成像技术打造的沉浸式艺术空间光影秀。整个光影秀围绕大圣顿悟成佛之旅分为元素态、高维态、赛博态和世间态 4 个空间打造，呈现给参观者一场科技、文化、艺术交互的盛宴。

（四）交互硬件

迪士尼很早就开始了机器人的研发工作，并在机器人与游客交互方面做了大量探索。早在 2013 年，迪士尼设计了机电一体化的机器人；2016 年迪士尼推出了液压驱动机器人 Jimmy（吉米）；2017 年迪士尼星球大战主题乐园 Galaxys Edge（银河边缘）中测试过的机器人 Jake（杰克）是随处可见的工作机器人，它们可以充当导游角色，与游客互动，解答关于园区的问题；2018 年，迪士尼幻想工程（Walt Disney Imagineering）启动了 Project Kiwi 研发项目，该项目设计的小格鲁特机器人是具有交互性的动态类人机器人；2020 年，迪士尼研发了表情机器人 Gaze（加泽）。Gaze 可以真实地模拟人类脸部表情，以眼睛自然眨动的方式生动地传达情绪，并通过胸前

① GameLook. Steam 好评率 93%，这就是传说中的“迪士尼元宇宙游戏”？[EB/OL].（2022-09-08）[2023-07-13]. https://new.qq.com/rain/a/20220908A0B77O00.

的摄影机与计算机视觉技术，感知站在它面前的人以及人的面部表情，并与其进行互动。

（五）基础设施

在基础设施方面，Disney+ 重点采用 AWS 的服务和亚马逊云科技。华特迪士尼公司将 AWS（亚马逊云科技）视为其首选的公有云基础设施提供商，通过采用 AWS 的服务，使其 Disney+ 流媒体服务于 2021 年 5 月扩展至全球 59 个国家和地区。Disney+ 使用 Amazon Kinesis（亚马逊流数据处理平台）和 Amazon DynamoDB（亚马逊云数据库）捕捉视频内容、元数据和数十亿客户操作，使用 Amazon Time stream（亚马逊时间序列数据库）监测其流媒体平台的功效，以确保用户能够持续获得最高质量的视频内容等①。

此外，Disney+ 采用亚马逊云科技行业领先的服务，这些服务涵盖机器学习、数据库、内容交付和数据分析服务等 50 多项技术。借助由亚马逊云科技支持的云上视频基础设施，Disney+ 得以在 2019 年 11 月 12 日推出后 24 小时就支持超过 1000 万的新用户注册②。

第二节　迪士尼元宇宙应用效果

在疫情影响、时空限制、节能低碳、人景交互四个方面的影响下，迪士尼正面临着发展困境。但是元宇宙的理念和技术，给迪士尼带来时空的变革、交互叙事的变革以及获得感的变革，给予了迪士尼更多更广阔的发展空间。

一、多模态互动提高游客沉浸式体验

元宇宙助力迪士尼乐园实现交互体验的多模态化，进而提升游客沉浸式体验感。

---

① ZOL 中关村在线．迪士尼宣布流媒体服务采用 AWS 服务［EB/OL］．（2021-05-10）［2023-07-13］．https://tech.ifeng.com/c/867p4EUF5yX.

② 朱朋博．华特迪士尼公司采用亚马逊云科技支持 Disney+ 的全球扩展［EB/OL］．（2021-05-07）［2023-07-13］．https://www.doit.com.cn/p/441493.html.

所谓“模态”，英文是 modality，中文是“感官”，多模态即将多种感官融合。传统的文旅以视觉为主，对目标客体的观看并不能形成交互。而元宇宙中将通过 VR/MR/XR 等数字技术，打造更丰富的多模态交互体验，即通过视觉、听觉、触觉等多种方式进行交互。

（一）沉浸式社交互动提高游客体验感

2022 年 3 月 1 日，位于美国奥兰多迪士尼园区的《星球大战：银河边缘》主题酒店正式开放。该主题酒店耗时 6 年建成，因其极具科技感的“战舰”外观和搭建的沉浸式剧场与虚拟世界主题环境吸引了众多游客。

主题酒店强调沉浸式互动和强社交性。当游客进入酒店时，就仿佛参演了一部沉浸式戏剧，主题酒店为游客提供了各自的虚拟阵营和虚拟身份，并设计目标任务和游戏互动环节。为促使游客迅速进入沉浸状态，从其进入“航站楼”办理入住时起，便进入与现实完全脱节的“时空”。既有独立任务，也有团队任务，甚至可能与陌生人合作，进行秘密任务的策划，让其沉浸式体验执行任务以及与其他船员团结协作，促进人与人之间的交互，提高社交体验。此外，游客在酒店里可以和电影中的角色如机器人、寻找反间谍的突击队士兵等进行互动，目前，此类角色都是由工作人员扮演，而在未来元宇宙中，这些都将用虚拟人来实现。

（二）线上沉浸式产品重塑娱乐体验

迪士尼不仅在乐园内创新运用虚拟现实技术强化旅游者多模态沉浸式体验，更积极投身园外线上虚拟数字产品的尝试与开发。2022 年 10 月 21 日，迪士尼与虚拟电子商务平台 Obsess 合作，在其音乐商城推出 Web3 体验。用户可在商城中进行全景虚拟体验，并通过点击虚拟空间中的各种黑胶唱片和 CD 来探索流行的迪士尼电影和电视节目中的配乐和歌曲。该举措无形间延展了迪士尼乐园的体验广度，消费者在乐园外也可借助虚拟电子平台获得线上体验，与此同时，更拓宽了迪士尼 IP 的影响深度，消费者不进入迪士尼乐园也可借助平台进行情境化互动。此外，随着 Disney+ 将从电影流媒体服务转变为“体验式生活方式平台”，未来用户可在线上数字平台体验鬼屋等游乐场景，足不出户就能身临其境地体验迪士尼乐园。

迪士尼乐园本身就是沉浸式体验的成功案例，元宇宙设想的提出更为迪士尼优化沉浸式体验服务、拓宽沉浸式体验维度提供了一个绝妙的入口，让迪士尼可以从虚拟的角度讲述属于迪士尼的故事，为本就充满想象力的乐园增添新的色彩。

二、可穿戴设备助力实现文化承载体的多元化

元宇宙通过可穿戴设备和配套 APP 等数字化平台，促进迪士尼交互叙事的承载体更加丰富多元。传统的文旅叙事实现的“走马观花、打卡拍照”已无法充分满足游客的深层次需求。基于此，迪士尼围绕实物载体打造更丰富全面和深度沉浸感的体验。沉浸式体验是元宇宙的基本特征之一，VR、AR、MR 等作为构建元宇宙的技术基石[①]，让交互叙事的承载体更加丰富多元，使得环境灯光工作人员，甚至景区的智能服务机器人、智能设备等万物皆为载体，全方位容纳支撑强化游客的异构身份，不仅为线下体验构建了更加沉浸式的环境，更为构建线上虚拟文旅元宇宙提供了可以快速转化的素材。

迪士尼酒店与乐园领域综合运用计算机视觉、人工智能和增强现实等技术，将物理环境与数字世界无缝结合，创造出特殊的全新体验。迪士尼乐园的 Magic Band 就是数字化时代下将设计与科技完美结合的重大发明，入选了《财富》杂志 2020 年公布的“100 个最伟大的现代设计”。手环里嵌有 RFID 芯片（射频识别芯片），可用于确定游览者的实时位置，同时手环可采集并追踪顾客的部分数据。迪士尼工作人员能够实时定位戴着 Magic Band 手环的顾客，根据顾客的实时需求，在游玩途中为其带去惊喜，以增强游览者的体验感与满意度。与此同时，该手环还是一种新型的虚拟预订系统，能够实时追踪不同游乐设施的排队状况，以减少旅游者的排队时间、分散乐园客流。此外，游客可通过 Magic Band 等可穿戴设备以及手机与周边物理环境进行互动。Magic Band+ 增加了触觉、灯光和手势识别等功能，以进一步增强主题公园的沉浸式故事讲述能力。可穿戴设备使游客能够以新方式参与互动体验，如 Galaxy's Edge 中的赏金猎人体验、50 周年纪念雕像的效果，以及与 Magic Band 上的灯光同步的烟花表演。

---

① 新浪网.“沉浸式体验”被狂推，所以说旅游业的终极形态还是元宇宙？[EB/OL].（2023-01-29）[2023-07-15]. http://k.sina.com.cn/article_7796920826_1d0bb91fa001017soe.html.

三、VR 游戏助力实现线上线下分开到深度耦合

元宇宙促进迪士尼乐园打破时空界限，实现线上线下分开到深度耦合。当前的VR 游览、慢直播、网上订票等线上业务与线下实地游览分离度高，不能完全契合到真实场景中，即使是景点中的语音导游讲解，也是与实地游览的简单结合，无法满足游客的深度体验需求。传统的线上是二维空间，与线下的三维空间耦合度很差。更多VR/AR/MR 技术的运用，将使其具备深度耦合的可能。在元宇宙的视角下，线上线下的屏幕壁垒、空间壁垒被打破，文旅产业的线上与线下体验将深度耦合到一起，线下活动随时同步到线上可沉浸式参与，线上人员随时显现到线下进行互动，实现身临其境的空间穿越。

迪士尼通过 VR 游戏与游客建立了更为紧密的联系，从而进一步刺激了游客的现实旅行需求。当游客离开物理世界的迪士尼乐园后，他们不仅仅可以继续在 Play Disney Parks APP 上游览乐园，还能通过 VR 游戏继续自己的外太空冒险之旅。此外，游客可以通过 Quest 装备，游玩与加州迪士尼主题公园内《银河系边缘传说》园区联动的 VR 游戏《星球大战：银河边缘传说》[9]。

四、利用 NFT 升级文创产品，进一步开发 IP 价值

迪士尼利用 NFT 进一步开发了 IP 价值。目前，IP 授权存在链条长、不标准、效率低等问题。IP 发行 NFT，既能以标准化的方式提升 IP 合作的效率，又可以同时 to B 和 to C，促进 IP 价值快速变现。

凭借丰富的 IP 资源以及公司拥有数十亿的粉丝，迪士尼在发售 NFT 收藏品上具有明显的优势①。迪士尼依托 VeVe Digital Collectibles（数字收藏品交易平台）发布了星球大战、辛普森一家、米老鼠等系列 NFT。目前，大部分 NFT 已经售罄，并在二级市场上被炒作，如 60 美元发行的《辛普森一家》NFT 售价在二级市场上曾被卖到

① 伦哥有文化．元宇宙中的旅行 旅游商家如何变现？［EB/OL］．（2022-06-07）［2023-07-13］．https://travel.sohu.com/a/555015024_121119268.

150 美元的价格[①]。

迪士尼与 VeVe 有着良好的 NFT 合作关系，所有官方迪士尼 NFT 数字藏品均通过 VeVe 平台推出。VeVe 是专门为大型品牌提供 NFT 的平台，目前 VeVe 已经拥有超过 500 000 名活跃用户和 190 万个 NFT，是最大的移动优先数字收藏品平台，也是 Google Play 和 Apple 商店中收入最高的娱乐应用程序之一。VeVe 获得了迪士尼旗下漫威、星际大战等多个角色 IP 授权，预计这些 IP 都将在 VeVe 平台上陆续发布。NFT 收藏平台 VeVe 宣布正式上架 5 个皮克斯动画工作室作品——《玩具总动员》《怪兽电力公司》《汽车总动员》《超人特攻队》和《天外奇迹》最具代表性的经典动画角色 NFT。上架不到一天的时间，54 995 件 NFT 就被抢购一空，销售额超过 330 万美元[②]。迪士尼 NFT 数字藏品的畅销不仅体现了其创意资本的价值，更扩大了迪士尼的电影作品等大 IP 的传播与宣传。

第三节　迪士尼元宇宙经验借鉴

迪士尼乐园通过将虚拟与现实融合，以元宇宙技术为基础，为游客提供了别开生面的主题公园体验。目前迪士尼对待元宇宙的逻辑：通过线上技术与线下内容相结合，提升用户的体验，从而使得用户的黏性更高。下面将详细阐述迪士尼元宇宙的具体发展经验。

一、NFT 挖掘文创产业新潜能

NFT 源于区块链技术，实质是区块链网络里具有唯一性的可信数字权益凭证，随着技术的持续发展，NFT 已经成为元宇宙生态的重要组成部分，创新与赋能元宇宙场域下的应用场景。目前，NFT 这种虚拟数字藏品的表现形式多样，例如头像类、盲盒类、数字藏品类 NFT 艺术品以及虚拟土地、游戏道具类 NFT 虚拟资产等。

---

① 陈丽姗 . 万字长文：元宇宙在教育、游戏、旅游业的场景应用探索［EB/OL］.（2022-04-03）［2023-07-13］. https://new.qq.com/rain/a/20220403A08KBG00.

② VRAR 星球 . 童话都是骗人的！迪士尼裁员首砍元宇宙：浪费时间又不赚钱［EB/OL］.（2023-04-05）［2023-07-16］. https://www.sohu.com/a/663316879_120998866.

（一）盘活现实空间文创产品

文化与旅游密不可分，文创产品的注入更推进了文旅深度融合，在元宇宙场景中文创与虚拟技术的有益结合，更能催生出虚实共融的数字化应用场景。在旅游与元宇宙结合初期，通过景点背后特有的内容价值发行 NFT 或者数字藏品，可能是未来旅游业商业变现的重要途径之一。在疫情防控常态化之下，数字藏品可以通过线上销售的方式与消费者进行互动，形成全新的数字消费业态，从而促使文创产品找到新的价值承载方式。数字藏品在流通的过程中有较多的玩法：限量发售；盲盒发售，分级赋能；碎片盲盒，合成赋能等。数字藏品跟实物一样可以确权，并能验证真伪，从而使消费者手中的数字藏品具备收藏价值①。与此同时，NFT 数字藏品发行方可借助这一新型的数字资产交易平台，赋予尚未被公众认识或关注的 IP 以新的生命力，通过更新数字藏品设计、扩大产品宣传等方式，创新开发部分已被公众遗忘的创意形象，促使其在元宇宙场域中获得新的价值。此外，NFT 发行方根据数字藏品的销售量，可探测出不同文创产品的文化价值，利于开发者调整线上与线下的产品营销体系，满足购买者需求的同时，更有利于文创产业的商业变现。

（二）多维度创新文创产品内容与表现形式

从文化创意的角度出发，技术的发展固然能够丰富文创产品的呈现形式，利于文化内涵的创新性挖掘，但文创产品更关注内容，内容的独特性与唯一性更能激发消费者的购买欲望。这对于 NFT 的发展提出了更高的要求，不能仅仅制造简单复制的数字藏品，更要以创新思维创造独一无二的数字艺术品，以提升 NFT 产品价值。在元宇宙场景中，迪士尼不仅积极参与 NFT 产品的发布与推广，更基于数字藏品的发布形式而对经典 IP 进行了形式或内容上的创新。例如采用盲盒形式售卖 NFT，借助特殊的售卖形式激发消费者购买兴趣；售卖以《星球大战》电影中代表性角色为原型的收藏版数字玩具，区别于单纯的数字图片以新的产品形式进入 NFT 市场；推出站在甲板上的黑白米老鼠数字藏品以及以《星球大战》为主题的 NFT 以全金色形象正式出现等事例。这些都以经典 IP 为基础、创新数字藏品内容的方式，为经典的迪士尼 IP 注入了新的创新活力。在内容为王的时代下，文旅产业也应该学习迪士尼的成功之

① 新媒体营销官 . 媒体人华少：旅游景区“+ 元宇宙”如何打造应用场景与内容［EB/OL］.（2022-11-18）［2023-07-16］. https://m.sohu.com/a/607563144_215565.

处，在接受新生技术的同时，更要学会将创意性的思维融入于新生产品，激发发展新潜能。

综上，景区可根据特色，设计开发富有文化性、独特性的数字藏品，通过对景区数字门票、数字文创衍生品等以数字资产形式进行发行上链，将文化内容资产化，推动数字文创的确权流转，使旅游者获得更多身份与权利，实现跨越维度的互动体验，同时，对于旅游景区而言，文化资产化更能够降本增效赋能文旅景区、促进 IP 品牌的传播。

二、元宇宙技术创新叙事模式

（一）交互设备升级拓展场景叙事空间

元宇宙的核心技术主要有物联网技术、网络通信及算力技术、数字孪生技术、区块链技术、人工智能技术以及交互技术（全息影像技术、脑机交互技术、传感技术），目前许多技术已经得到了实践与运用，迪士尼为探索新技术也展开了诸多创新性的尝试。其在 2020 年发明了“现实场景中的虚拟世界模拟器”的专利，将元宇宙这个虚拟的场域带进了现实世界。该专利概述了该公司创建真实世界主题公园游乐设施的计划，用户将在其中体验 3D 虚拟世界，使用同步定位和映射（SLAM）。这项技术将用于绘制公园游客在现实世界中移动时的周围环境，同时创建基于 3D 投影的图像。客人将能够看到投影到他们最喜欢的迪士尼明星、艺术品或信息的 3D 物体上的全息图，从而创造出高度身临其境但个性化的体验。相对于当下较为笨重的穿戴设备，使用该模拟器不需要外部硬件，更能增强体验的现实感。

上述事例表明，迪士尼在拥抱新技术的同时，更致力于技术与现实的融合、虚拟世界与现实世界的联结。早在乐园建造初期，迪士尼就在不断探索如何营造脱离现实世界的梦幻王国，通过讲述迪士尼故事、树立经典 IP、极致还原电影真实场景等方式塑造了乐园的高沉浸感。因此，迪士尼乐园可被认为是虚拟与现实技术出现之前的第一个“真实”的虚拟世界，根据其逃离现实与高度沉浸的特征，迪士尼成为探索元宇宙的天然疆域。它在布局元宇宙战略时有一句重要的宣传语“讲好下一代故事”，通过对新技术的运用，拓展与延伸叙述故事的空间，将真实与数字世界更加紧密地连接在一起。

（二）外部技术注入促进技术创新

迪士尼专注于内部技术开发的同时，更吸纳了许多外部的技术力量。“迪士尼加速器计划”是一个负责战略投资培养的项目，专门针对在科技和娱乐方面有潜力的初创公司。目前参与的公司业务似乎都与 Web3 相关，例如 Inworld AI 帮助开发人员创建交互式和人工智能驱动的角色以获得沉浸式体验，Lockerverse Digital Community & Cultural Hub（数字社区与文化中心）致力于开发使创作者能够讲述独特的文化故事的 Web3 平台[10]。在国内，迪士尼也积极与中国的科技公司合作，以打造更具地方感、文化性的沉浸式体验。坐落在迪士尼小镇的“超体空间 SoReal VR”是由当红齐天公司打造的大型全沉浸式 XR 体验项目。该项目运用边缘计算以及 5G 技术，以西游 IP 为主题贯穿体验全程，提供了大空间行走多人沉浸式 VR 互动体验、XR 创新载具体验、沉浸式艺术空间光影秀，并集合了新型社交餐饮、潮流艺术购物等空间，满足到访游客的多种娱乐体验需求。项目借助了迪士尼乐园的影响力，并将中国故事融入虚拟项目，使得数字体验更具地域性、文化性。该体验项目打造的小型元宇宙生态圈，挖掘了虚拟现实技术运用的商业价值，是迪士尼元宇宙战略中“文化 + 技术”的有益尝试。

结合旅游景区发展，元宇宙“虚实结合”的理念可以帮助景点获得“重生”，物理景点的可探索性将借助 VR/AR 等增强现实技术得到大幅度提高。但是，虚拟场景的创作与景区的文化内核有着紧密的关联，精彩的故事叙述背景直接影响着旅游者的线上及线下体验。因此，元宇宙旅行带给用户的沉浸式体验绝不是单纯停留在虚拟技术的简单运用。高新技术的堆砌可能在短期内能够激发旅游者的兴趣，但无法长效吸引客流。本文认为元宇宙旅游应以文化为内核，以新技术为支撑，激发旅游者对景区故事的探索欲望，并使得旅游者能够在虚拟空间与现实世界中自由交流并续写新故事，甚至在交互下创造出一个完整的虚拟景区，让旅游者真正成为虚拟景区搭建、运营的参与者。

三、“数实融合”助力景区智能化运营

纵观迪士尼的发展历程，该公司非常注重自有数据的积累。无论是发展初期的

收视率调查、问卷调查，还是互联网时代下的智能手环数据、流媒体数据，迪士尼一直致力于获得第一手的数据资料，以维护和完善乐园与其他产业的运营。例如，Disney+ 流媒体平台为了更好地进行个性化推荐，使用了无数个数据点来获取用户行为数据；在电影方面，其开发出一种神经网络，这项技术使用夜视摄像机和“尖端计算机视觉方法”，可以在黑暗剧院中对观众的面部表情进行情感分析，以获得观众对迪士尼电影的直观态度；在景区方面，更推出了 Magic Band 智能手环，基于游客在乐园的高频率使用，采集到范围广阔的数据。与此同时，迪士尼也积极地运用采集到的数据，优化内容管理、景区运营与品牌传播。例如，迪士尼开启了“Content Genome”AI 面部识别系统，旨在打造迪士尼数字内容资产库，帮助动画制作者快速、准确地识别动画中的面部特征，不仅提高了创作速度，还提高了迪士尼的搜索与推荐功能的准确性[11]；Disney+ 平台针对不同的用户会应用不同的推荐算法，形成个性化的线上体验；在景区运营方面，迪士尼乐园的工作人员会利用通过智能手环搜集到的数据进行分析，根据使用者的兴趣和需求进行个性化推荐服务，并能根据使用者定位，有效控制乐园客流量，提供最佳游玩路线等。

现在部分景区进行数字化转型，只是一味地追赶发展潮流，通过与科技公司的合作开发毫无特色和竞争力的数字产品，缺少专业化的数据整合与管理能力，忽视了自有数据分析对于景区运营的重要作用。在元宇宙视野下，景区不能再盲目依据固有的经验，而要以真实的数据为第一导向，多源整合数据，构建不同类型资源间的语义连接和互操作，并致力于将数字资源灵活应用于虚拟与真实的场景。

四、场景互联优化线上线下聚合体验

如今虚拟技术的快速发展，已有许多博物馆、旅游景区等搭建了线上的虚拟平台，可供旅游者“云旅游”，特别是在疫情时期，该种新奇的旅游模式吸引了大众的注意。但纵观景区的线上旅游平台，多数都存在沉浸感不强、没有身临其境之感、配套讲解不完善、游览趣味性不足等问题，究其本质原因，是现实世界未与虚拟空间有机地融合。

迪士尼在元宇宙场景的打造上，既注重了虚拟技术的运用，积极开发线上虚拟产品，与此同时，其更注重线上线下的聚合体验，主张借助虚拟技术赋能现实物理空间，延伸消费者体验维度。在实景游览方面，迪士尼积极开展虚拟技术的融合，例如智能手环能够在园区内解锁各种虚拟和现实世界的互动，Genie 的虚拟助手式应用程序可以帮助游客创建个性化的行程等，致力于为消费者提供极具沉浸感和高满意度的线下体验。同时，如何利用虚拟技术重现迪士尼电影中的经典场景也是迪士尼一直在探索的问题，例如迪士尼曾经的舞台剧《冰雪奇缘》就将传统剧院通过技术打造成了一个梦幻的冰雪世界，让游客完全沉浸在冰雪奇缘的世界中。此外，在线上虚拟场景的打造中，迪士尼也融汇了现实场景中的特色元素。例如，《迪士尼梦幻星谷》游戏拥有与线下乐园相似的部分场景，丰富的任务、探索，引人入胜的活动，并且迪士尼部分经典 IP 都会出现在该游戏中，玩家可以与之进行互动；再比如迪士尼通过运用 AR 技术开展“记忆壁画”活动，让民众可以借助手机上的应用程序把自己的照片悬挂在迪士尼的城堡里面，产生置身于城堡的实景体验感。这些举措让线上体验者在探索的过程中，不仅加深了对迪士尼的虚拟游戏、线上平台的使用频率，更增加了对线下乐园的体验兴趣。

依据迪士尼的开发经验，旅游景区在未来要结合自身优势，运用虚拟技术消除线上线下的边界、积极开发涉及不同领域的体验场景，为旅游者提供优质的多维度体验。

参考文献

[1] 陈翔宇.【元宇宙】下一代讲故事的伟大前沿领域 | 迪士尼的元宇宙战略 [EB/OL].(2022-07-13)[2023-07-12]. http://news.sohu.com/a/567014313_100156729.
[2] 王钰，郭超. 疫情影响下迪士尼商业模式转变研究 [J]. 中国商论，2023 (06): 140-143.
[3] 前瞻产业研究院. 干货 !2021 年全球主题公园行业龙头企业分析——迪士尼集团：全球最大主题公园 [EB/OL].(2022-05-27)[2023-07-13]. https://m.sohu.com/a/551690125_473133.
[4] 金燕子信息科技. 迪士尼宣布进军元宇宙&元宇宙赋能数字世界 [EB/OL].(2021-11-12)[2023-07-13]. https://www.163.com/dy/article/GOL1OQHH0552BP7D.html.
[5] 元宇宙资讯. 迪士尼任命高管监督元宇宙战略 [EB/OL].(2022-02-17)[2023-07-13]. https://wwwx168.cn/disney-appoints-executives-to-oversee-metaverse-strategy.html.
[6] VR 黑科技. 元宇宙+旅游：典型案例和发展路径 [EB/OL].(2022-04-21)[2023-07-13]. https://travel.sohu.com/a/539942255_120861011.

[7] GameLook. Steam 好评率 93%，这就是传说中的“迪士尼元宇宙游戏”？[EB/OL].（2022-09-08）[2023-07-13]. https://new.qq.com/rain/a/20220908A0B77O00.
[8] 吕佳. 光影丨西游 × 迪士尼？首座“超体空间 SoReal VR”登陆中国上海 [EB/OL].（2022-10-16）[2023-07-13]. https://www.d-arts.cn/article/article_info/key/MTIwMzQwNzYxNDaDz59nr6ykcw.html.
[9] 主题公园界. 面对元宇宙，迪士尼早已抢先布局 [EB/OL].（2021-12-21）[2023-07-16]. https://m.sohu.com/a/510443132_121124422.
[10] 文旅元宇宙实验室. 迪士尼推出专注于 NFT 和元宇宙的创业加速器计划 [EB/OL].（2022-08-11）[2023-07-16]. https://mvoct.com/page21?article_id=117&brd=1.
[11] 肖滢洁，任昱博，吴殿义. 从数据与智能化的角度解读迪士尼 [J]. 国际品牌观察，2021（21）：42-48.

第四篇

旅游市场监管数字化篇

第十一章
“游云南”APP——数字化旅游市场监管的帮手

第一节 “游云南”APP上线的背景

作为许多人心中理想的旅游胜地，云南一直以来以峻美的高原风光和多彩的民族风情闻名于世，因秀丽的美景和宜人的气候吸引着世界各地的游客。云南省的旅游资源十分丰富，著名的旅游城市有四季如春、温暖清秀的昆明，雪山辉映、风光旖旎的丽江古城，旷古静谧、永恒宁静的香格里拉，悠远绵长、风花雪月的大理，云南也因此被称为“七彩云南”。

除了云南的美景被大家知晓以外，云南一系列的负面旅游新闻也曾经被家喻户晓，曾连续3年的投诉率位居我国第一名。曾被各大媒体频频曝出云南购物点欺诈游客、导游强迫购物等乱象的负面新闻，一系列的负面新闻致使云南旅游业陷入困境。在云南省乱象得以整治以前，云南旅游业存在的问题大致可以归为两类：导游强制消费、购物店坑蒙拐骗甚至殴打游客。坑蒙拐骗这一问题出现的主要原因是政府相关部门对市场的监管薄弱，在旅游市场监管中存在“不愿管、不敢管、管不了、管不好”等现象。

尽管2008年云南省人民政府出台了《云南省人民政府办公厅关于加强全省旅游市场综合整治工作的意见》，一再强调要加强对云南旅游市场的治理。但在全国旅游市场投诉率下降的大背景下，云南省的投诉率却在不断上升，2014年、2015年、2016年连续三年投诉率排名位居全国第一。2017年4月，云南省为整顿旅游市场秩序出台了《云南省旅游市场秩序整治工作措施》，该措施被称为“史上最严”的《措施》[1]，虽然取得了一定的成效，但是也很难做到对旅游市场时时刻刻的监管。

如何才能更有效地维护游客的权益呢？需要一个能够与游客随时随地沟通的渠道，让旅游消费者来监督云南省的旅游市场，这样就可以在全省最大范围内以十分高效的方式对旅游市场进行监管。

第二节　案例介绍

一、定位及研发目的

（一）定位

“游云南”围绕全域旅游概念，以场景为核心抓手，用智慧化、数字化的手段为游客提供了全面的服务，帮助旅游企业转型，并以大数据管理为驱动，以移动互联网为核心载体，助力云南省旅游产业升级[2]，重塑旅游产业核心价值，其定位是打造成为“中国第一、世界一流”的目的地旅游智慧服务平台。

（二）研发目的

“游云南”旨在通过游客实现对旅游市场的实时监管，“互联网＋旅游”的方式更快、更好、更全面地加强政府监管、提升政府治理效率、治理云南省旅游业的乱象问题、提高游客出游的体验、助推旅游产业在健康发展的基础上升级，最终达到游客满意、企业增益和政府增效的目的。

二、简介及主要功能

（一）简介

“游云南”APP 是由云南省旅游发展委员会和腾讯公司联合打造的联合大数据、物联网、云计算等信息技术，结合便携终端上网设备的全域旅游智慧平台，于 2018 年 6 月 1 日正式上线。目前分为首页、旅行日历、保障（旅行投诉）和我的四个板块

（见图 11-1），可为游客在云南旅游的全程进行服务。

图 11-1（a）的“首页”主要包括景区预约、购买门票、观看直播、选择线路、交通规划、健康码等便于游客出游的功能。

图 11-1（b）的“旅行日历”则是为游客出游当天提供的云南特色推荐活动。

图 11-1（c）的“保障”主要包括两部分内容：一是“投诉”板块，二是“退货”板块。此外，游客还可以发表在云南旅游的体验。投诉途径主要包括三种：在线投诉、电话投诉和语音投诉。投诉的对象包括购物店、旅行社、景区、导游和 OTA 平台等。

图 11-1（d）的“我的”主要是与个人信息相关的内容，包括已购订单、收藏、优惠券、我的投诉、我的行程等。

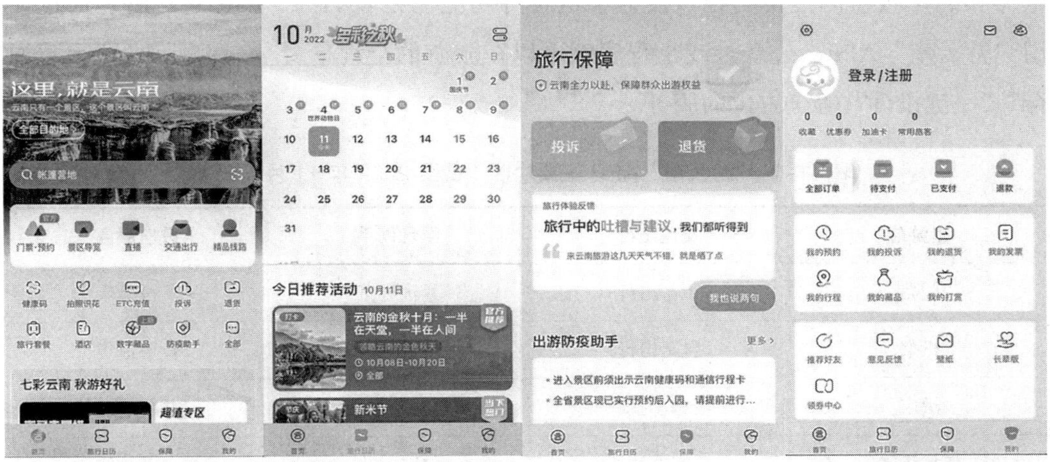

(a) (b) (c) (d)

图 11-1 “游云南”APP 界面

资料来源：游云南 APP

（二）构成

“游云南”APP 由“一个中心”“两个平台”构成。

“一个中心”是旅游大数据中心，主要是为政府决策提供依据，将云南旅游业在纵向（从省到地市各级旅游同业及异业关联机构）和横向（所有旅游相关业务）的数据整合起来，形成一个省内旅游大数据流通无碍的连贯环路。

“两个平台”是游客端综合服务平台和政府端综合服务平台。游客端综合服务平台面向C端（旅游消费者端），展现形式以APP、小程序和公众号为主，也可以理解为是“线上版的云南旅游政务服务大厅”。游客在云南旅途中遭遇的任何事情，都可以在上面寻求官方协助。政府端综合服务平台面向G端（政府端），包括投诉、退货、市场监管、数据可视化、产业运行监测、商家诚信等系统。这一平台把云南的整个旅游管理体系从线下转到了线上，打通各部门间的信息资源，实现了产业链上下游的数字资源共享。①

（三）主要功能

“游云南”APP的功能主要包括租车、选线路、购买优惠门票、购买机票和预订酒店等出游功能，还有云直播、语音导览、拍花识景等特色体验功能，以及保障游客生命和财产权益的疫情防控、投诉和退货等功能（见表11-1）。总之，游客通过使用“游云南”APP、公众号或小程序就可以在旅游的全程享受“一键下单”“无感通行”“一键投诉”等全方位的服务。

表11-1 “游云南”APP主要功能（截至2022年11月5日）

出游前	交通出行	游玩助手	政府服务
门票	租车出行	景区导览	投诉
机票	包车出行	找厕所	我要退货
酒店	ETC充值	洗手台	吐槽建议
精品线路	充电站	拍照识花	一键救援
旅行套餐	服务区	扫码识景	诚信榜单
直播	乘车码	云游文博	明厨亮灶
景区天气		美食推荐	
导游		诚选特产	
旅行社		核酸检测点	
景区预约		数字藏品	

① 云南观察.推出3年了，“一部手机游云南”现状如何［EB/OL］.（2021-11-07）［2023-07-17］. https://m.sohu.com/a/499681107_235700.

续表

出游前	交通出行	游玩助手	政府服务
每日云南			
行程助手			
长辈版			
旅游咨询热线			
防疫助手			

在出游前，游客可在智能终端设备上远程收看景区全天的实时直播，以“云直播”的方式将云南旅游资源集中、便捷地进行展示，让游客提前建立起对云南旅游的好感和向往，也有助于持续稳定构建云南旅游品牌。

在游玩时，“游云南”可以帮助游客规划行程、找厕所、拍照识花草、语音导览、订车位和无卡乘坐公共交通。购买商品时，游客通过“游云南”的数字诚信体系“游云南”诚信码进行交易，就可立即看到该商户的诚信分，完全可以参照综合评分后再完成付费操作以及体验评价。当游客的合法权益受损或遇到困难和危险时，可以一键投诉与求助，并能实时查看反馈结果。

新冠疫情发生后，“游云南”APP首页迅速增加了公共服务板块，提供疫情实时情况、疫情辟谣和紧急寻人等功能。为实现“预约、错峰、限流”的目标，“游云南”APP中上线了景区分时预约、健康码等功能，并结合微信卡包，上线了“云南旅游服务保障卡”。

三、发展历程

“游云南”APP的发展大致历程如图11-2所示。2018年10月1日，“游云南”APP正式上线运营。虽然一开始并没有受到很多人的认可，并且存在侵害用户权益的问题，但经过多次升级改造，到2022年，已经在很大程度上实现了保障旅游消费者权益、加强对旅游企业监管和规范旅游企业行为、提高政府相关部门办事效率的最初目的。

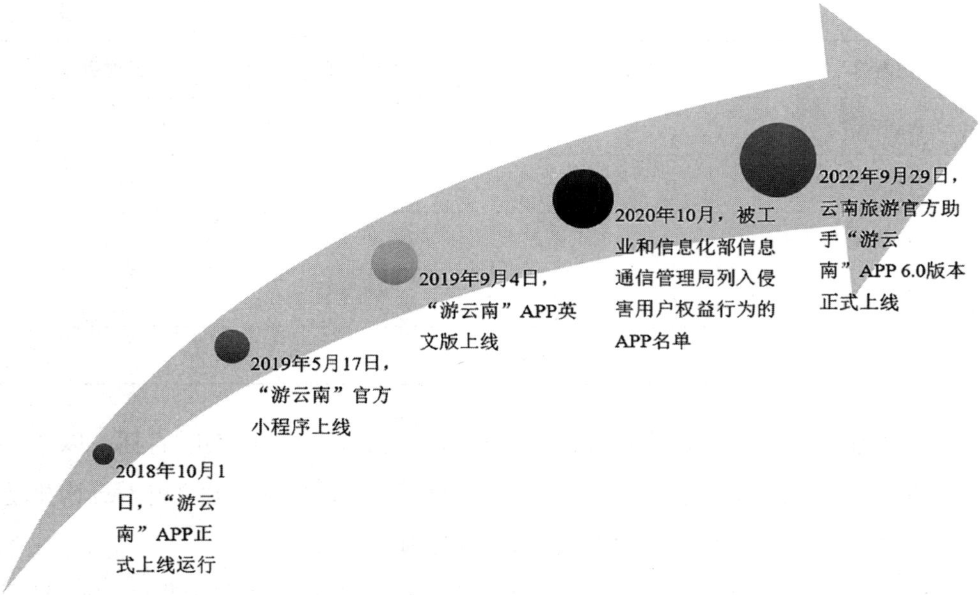

图 11-2 “游云南”APP 发展历程及重大实践

第三节　数字化旅游市场监管取得的成效

“游云南”APP 自上线后，通过提供景区实时直播、景区地理信息、旅游投诉处理和导游导览服务，在一定程度上达到了“一机在手，全程无忧”的效果。

“游云南”的投诉功能方便了游客对旅游企业的监督和与政府相关部门沟通的效率，辅助实现了相关部门对旅游市场监管的强化，提高了对乱象的整治效率、提升了游客旅游的体验和云南旅游的旅游品质。据统计，云南旅游投诉率到 2018 年已经下降到全国第 21 位、到 2019 年下降到全国第 25 位。而云南省贯彻实施“30 天无理由退货”的游客满意率高达 99.9%①。

2019 年，央视新闻聚焦《云南旅游之变》进行调查，发现多数游客反映“在云南根本没有遇见黑导游”“全都是明码标价，没有宰客也没有强制购物”等，说明“游云南”的数字化旅游市场监管对云南省旅游市场的规范化起到了很大的作用。

① 经济日报 . 曾连续 3 年投诉率全国居首，看云南旅游业如何转型［EB/OL］.（2021-03-30）［2023-07-17］. https://static.jingjiribao.cn/static/jjrbrss/3rsshtml/20210330/333047.html?tt_group_id=6945348689590223396.

一、提升游客出游体验

截至 2022 年 7 月 5 日“游云南”平台已服务超过 2.1 亿人次的游客。

（一）一键投诉，一天办结

“游云南”平台的核心功能就是投诉和退货。政府借助“游云南”APP 构建的旅游投诉体系是由 1 个省级指挥中心、16 个州市指挥中心、129 个区县指挥中心、X 个行政部门和 X 家涉旅企业构成，因此也被称为“1+16+129+X”。游客可通过 APP 在线投诉、语音投诉或者电话投诉三种渠道进行维权，还可以通过“游云南”平台实时查看投诉处置进度，处置完成后平台会及时反馈处理结果，并接受游客评价。通过构建这一投诉体系，游客的投诉处理过程变得便利、高效、公开透明，有力地助推了云南旅游市场的整治。

（二）30 天内无理由退货

自 2019 年 5 月 1 日起，云南省全面推行游客购物“30 天无理由退货”制度，从根本上制止强迫购物、欺诈游客等乱象的出现。

游客在云南省内购买的旅游商品，只要符合基本退货原则都可以通过“游云南”平台以在线、语音、电话的方式向全省各州市退货监理中心发起“30天内无理由退货”的申请，游客退货监理中心将及时进行处理，维护游客的权益[3]。“游云南”的退货系统，简化了游客的退货流程，提高了退货效率，规范了退货流程，保障了游客的权益。对政府来说，能够通过更加直观的方式实时获取到云南省各个地区退货的相关数据，以便统一对情况进行分析，对旅游市场进行监督和管理。此外，“游云南”APP 还具有发表旅游体验感言的功能，游客可以随时随地在 APP 上发表对旅游供给方和政府相关部门的意见或建议，以便相关部门及时了解旅游消费者对一些方面的想法和建议。

（三）提升旅游公共服务智能便捷度

智慧交通、智慧停车场方便游客出行，智慧酒店、智慧景区、智慧零售为游客提供方便。通过创新服务方式，不仅提升了游客在云南出游的便利度，而且提升了游客的体验感和满意度。通过增添疫情服务板块，在很大程度上提高了云南旅游的公共卫生安全保障，这些便捷的服务有效地带动了本地的消费。

自“游云南”上线以来，一直以提高游客在云南出游的体验为核心目标，通过对用户的评价进行调研和分析，更新了许多次版本，不断对产品功能进行优化和升级改造，“游云南”逐步从“能用”过渡到了“好用”，优化了云南省旅游的服务，通过服务创新提升了云南省的整体旅游服务品质。

总之，“游云南”在强化旅游市场监管的基础上，不断促进旅游的智慧化和数字化发展，为游客提供了便捷、智能、贴心的服务，提升云南旅游的品质和游客的体验，使游客的获得感、安全感和满意度越来越高。除了为游客提供了便捷的服务以外，本地居民也能通过使用“游云南”APP 查找公厕、停车场，无感通过高速等。

二、倒逼旅游企业降本增效

（一）拓宽了销售渠道

在云南旅游企业与“游云南”旅游交易平台合作以前，云南大部分旅游企业主要以线下销售渠道或者与第三方 OTA 平台合作进行旅游产品的销售。线下销售的缺点是覆盖面太窄、信息不能及时传达至游客、游客的建议也不能及时反馈给旅游企业。与第三方 OTA 平台合作的缺点主要是由于平台会抽取部分分成，造成旅游企业的成本较高。但通过在“游云南”旅游交易平台上开店经营，旅游企业可以直接与市场对接，可以一键实现线上开店、自由打包、渠道对接等需要[4]。并且无须向平台支付佣金，不仅拓宽了销售渠道，还提高了旅游产品的销售效率，直接为游客提供旅游咨询、产品预订等一系列服务。

（二）实现了降本增效

“游云南”APP 为云南省的旅游企业专门打造了“双 0”的合作模式，即涉旅企业入驻“游云南”平台无须支付佣金，并且最短可以实现“T+0”（当日）结算。换句话说，企业不仅可以免费使用“游云南”平台，在平台上开店做生意，无须向平台支付佣金就可以使用平台的服务，并且能实现当日交易、当日结算，最晚次日提现的交易收入模式。这一模式提高了旅游企业资金的周转速度、缩短了资金运作的周期，降低了旅游企业的成本，帮助旅游企业实现了降本增效。

（三）促进旅游商品质量的提升

“游云南”APP在一定程度上促进了产业供给的多元化，丰富了云南旅游产品市场，旅游产业和数字化的融合倒逼旅游企业和从业者提供更加有效、优质和弹性的供给。智慧旅游平台通过及时接受游客的建议和意见可以促进旅游产品质量的提升。

三、强化政府市场监管力度

2018年6月“游云南”APP上线后，在很大程度上协助了政府优化旅游市场的智慧治理体系、强化了对旅游市场的监管，云南省旅游行业的乱象基本上得以消除，并且自新冠疫情以来，对于在疫情常态化防控的背景下促进旅游业发展起到了很大的作用。

（一）优化旅游市场监管智慧治理体系

投诉、退货、诚信等是“游云南”APP每次优化升级的重点。建立全省统一的投诉、退货、咨询、求助渠道，游客将问题通过“游云南”APP向相关部门进行反馈，政府相关部门就会介入，并且与商家进行沟通，维护游客的权益。

强化了重大节庆舆情监控和处理效率。在重要节假日会通过APP提高对游客发表的评价进行关注，加强对节庆舆情的监控，并提高节假日游客投诉事件的处理效率。总之，“游云南”APP的上线提高了政府相关部门发现问题和处理问题的效率。

（二）强化了对旅游市场的监管

“游云南”通过整合旅游投诉、退货处置、业态诚信评价等功能，推动形成了智慧文旅监管的服务体系，“游云南”平台也成了政府管理市场的数字化协同办公平台。辅助政府建立了旅企诚信监管体系、全省联动应急救援与指挥体系等，重构了对涉旅事件的行政监管流程，有效提升了文旅管理的监管效率。

通过“游云南”线上和线下两手抓强化旅游市场整治，通过史上最严措施进行整治，原来存在的不合理的低价团、强迫购物、“宰”客等严重问题目前基本没有了。极其“给力”的投诉处理机制和消费退货机制，给游客带来安心游、放心购、旅游自主、全程保障的良好体验，重塑云南旅游形象，云南省的乱象在很大程度上得到了整治。

（三）强化了对疫情的监管

为了在尽可能保障旅游活动的前提下落实好疫情防控，疫情发生以来，“游云南”平台与云南多数景区展开合作，加强预约、测温、扫码等工作。并且于2020年上线了“分时预约”、2021年上线了“云南疫情防控锦囊”等一系列疫情防控的功能，在很大程度上保障了游客高效、安全地游览景区，加强了云南省各个景区的疫情防控，帮助游客安心游云南。

第四节　不足之处

一、平台系统功能不够完善

“游云南”APP曾经存在板块过多导致功能混乱、景区直播画面较差、网络不够稳定、直播无弹幕等不足之处。随着软件的升级改进，虽然APP直播清晰度提升上来

(a)　(b)

图11-3　景区云直播详情图

资料来源：游云南APP

了，并且增添了原来没有的弹幕功能，但“游云南”的“云直播”功能仍有缺陷：比如景区直播摄像头角度切换频率较低，不能较好地展现出景区全貌，会让游客觉得这一功能的用处不大，在观看直播时可能会觉得无聊，进而容易导致用户停留时间短、转发量少等问题。

二、推广力度不够

目前主要靠行政力量（宣传海报、短信）推动，除微信公众号以外，其他社交媒体的宣传较少，三种宣传方式也不尽如人意。

虽然已经在云南省域内客流量高的地方（如景区、酒店、高铁站等）布置了“游云南”APP宣传海报，并且游客在进入云南境内时会收到关于推荐下载“游云南”APP的短信，但一方面，宣传海报更多的是引导用户下载和使用“游云南”APP，相关的宣传资料却很少，致使海报对游客的吸引力并不大，另一方面，短信宣传内容有待完善，短信内容仅强调了30天无理由退货，而实际上“游云南”APP还有一键投诉和智慧旅游的功能。因此，目前的宣传方式缺乏“游云南”APP的吸引力。

此外，用户在浏览器以“云南”“云南旅游”为主题词进行搜索时，或者在各大平台查找云南旅游产品时，都很难找到“游云南”APP的宣传内容或平台入口[5]，同样说明“游云南”APP的宣传力度有所欠缺。许多用户可能在到达云南以后才会了解到这款APP，因此会在很大程度上降低游客出游前的使用概率，也就很难达到云南旅游前、中、后的全覆盖了。

三、用户黏性不足，软件使用率低

虽然“游云南”APP在介绍旅游景点方面比较生动、有吸引力，但受地域属性的限制，在全国范围的服务能力较弱，即在游客离开云南并且不考虑退货后，使用频率就会大幅降低，很难黏合受众。

在用户使用率方面比不过携程、去哪儿、美团等受众面较广的旅游线上平台，并且很容易被携程、去哪儿等OTA平台替代。

第五节 案例评析

一、总体评价

表 11-2 为 2011—2021 年云南省旅游接待与收入情况。自“游云南”于 2018 年上线以来，云南全省旅游业总体增长速度超过了全国的平均水平。虽然在新冠疫情的强烈冲击下，云南省旅游接待人次和旅游收入大幅下降，但在数字化旅游市场监管的好帮手“游云南”上线后，云南省的旅游业发展更趋向于健康、便利、数字化的方向，在很大程度上帮助云南省旅游产业实现了初步的转型升级。事实证明，在云南省的旅游服务质量整体提升以后，云南旅游人数和旅游收入都增加了。

表 11-2 2011—2021 年云南省旅游接待与收入情况

年份	接待游客人次（亿人次）	增长率（%）	旅游总收入（亿元）	增长率（%）
2011	1.71	17.98	1300.29	29.1
2012	2.05	19.88	1702.54	31.2
2013	2.5	21.95	2111.24	24
2014	2.91	16.40	2665.74	26.32
2015	3.34	14.78	3281.79	23.1
2016	4.37	30.84	4726.25	44.1
2017	5.81	32.95	6922.23	46.5
2018	6.88	18.42	8991.44	29.9
2019	8.15	18.46	11035.2	22.7
2020	5.29	−35.09	6477.03	−41.3

资料来源：2011—2020 年《云南省国民经济与社会发展统计公报》和《统计年鉴》

云南省旅游产业健康发展离不开政府主推的一机式旅游。虽然在“游云南”上线以前，云南省政府就出台了许多对旅游市场监管的方案，但难免有“漏网之鱼”，在

"游云南"上线以前，投诉流程比较复杂，并且许多游客可能不知道投诉的方式，许多游客可能觉得"投诉起来太麻烦"就"认栽"了，即使投诉了，解决和处理时间可能很长，许多游客可能等不及就和商家私下解决了。但"游云南"的上线，在很大程度上解决了这一痛点，只需要在APP上动一动手就可以"一键投诉"，并且随时随地都可以，非常便捷。

自"游云南"APP上线以来，不管是从游客出游角度、企业经营角度还是政府监管角度都取得了很大的成效，尤其是在政府监管方面做出了很大的贡献，一键投诉和30天无理由退货都在很大程度上维护了游客的权益，减少了云南旅游业的乱象。虽然上线伊始存在许多不足之处，但随着APP的升级改造，不足之处慢慢变少，"游云南"APP的口碑变得越来越好。作为"一机游"模式的开创者，"游云南"APP以"互联网+旅游"的形式，实现了信息的及时汇集、研判、综合调度、联合执法、高效处置的目标，虽然还没成为"世界一流"的目的地旅游智慧服务平台，但在建设全方位、体系化的全域智慧旅游平台的目标方面已经初见成效，可以称为我国"全域智慧旅游实践的标杆"。

从政府创新的角度看，作为"一机游"模式先行者，对当下的文旅行业来说实属难得，尤其在数字产业根基薄弱的边疆省份云南，更显可贵。

从商业运营角度看，"游云南"还处于起步发展期，智慧旅游的实现不是一朝一夕完成的，需要逐步推进，"游云南"距离能够经受得住市场风雨尚有很长一段路[6]。要实现智慧旅游，构建全新文旅新生态，必须强化"永远在路上"的理念。毕竟，在"一机游"模式下，系统建设是基础，持续性深化运营才是关键。

总之，作为全域旅游智慧化发展的首个平台，"游云南"已经在为游客服务、企业增效、政府管理方面发挥了很大的作用，以"互联网+旅游"为手段推动了旅游生产方式、服务方式、管理模式的创新，提升了旅游治理效能，帮助政府整治了云南旅游业的乱象，助力了云南旅游产业向数字化、智慧化、更高质量方向转型升级，为我国旅游产业升级和数字化发展积累了宝贵经验。

二、经验借鉴

"游云南"是在全国范围内的成功试点，作为省级"第一个吃螃蟹"的存在，"游云南"APP对其他地区的智慧旅游和数字化建设有非常强的借鉴作用。"智游丽江古城”小程序是“游云南”模式首个落地到云南地市的合作项目，标志着“一机游”模式在下沉市场获得更多认可，“游云南”可以通过市场化方式进行模式复制。

（一）通过“一机游”提高旅游地公共服务品质

其他省、市、自治区均可以借鉴云南省提供的景区智慧化的标准。注重平台的智慧化功能和服务能力，打造智慧景区、智慧交通、智慧停车场和智慧厕所等，提升公共服务品质。结合自身特点打造属于具有自身地域特色的全域智慧旅游服务平台。辅助用户从机票、住宿、门票到购物全程规划的旅程。建设从景区智能设备部署到商家诚信的体系，推动旅游地智慧旅游跨越式发展，达到游客满意、企业增收、政府增效的效果。

（二）通过“一机游”平台有效保障游客权益

其他省、市、自治区均可以通过打造全域智慧旅游平台，整治旅游市场秩序。在出现旅游纠纷后，游客可以通过智慧旅游平台向有关部门进行反馈，在尽可能短的时间内化解旅游纠纷，保障游客的权益，打造诚信、智慧、便捷的旅游目的地，提高游客在旅游地的旅游满意度。

（三）通过“一机游”加强政府对市场的监管

其他省、市、自治区均可以通过打造全域智慧旅游平台提升行政效能。借鉴“游云南”的行政管控方式，24 小时内响应游客的投诉需求，尽可能在最短的时间内处理游客的投诉需求，提高政府行政的效能，实现为了游客、为了从业者、为了管理者，一切为了人民的目标。

总之，其他旅游地可以通过构建全域智慧旅游服务平台，走智慧化的道路，借鉴“游云南”的优点，创新旅游地的公共服务模式、加强对旅游业的监管、提升旅游治理效能、保障游客权益和旅游数据安全，用更简便的方式向游客提供更全面的服务，从根本上让游客对导游放心、对旅游产品安心、对政府有信心。

参考文献

［1］刘建华．云南旅游业何时才能去“硬伤”［J］．小康，2018，342（13）：68-71.
［2］猎云网．腾讯助力云南省搭建全域旅游智慧平台，“一部手机游云南”上线试运

行［EB/OL］.（2018-03-02）［2023-07-17］. https://www.163.com/dy/article/DBU73GCI05118HJE.html.
［3］新华社. 云南着力健全旅游行业诚信体系［EB/OL］.（2020-04-05）［2023-07-17］. http://www.xyhb315.com/news_show.asp?id=3910.
［4］董明强.“一部手机游云南”上线以来：打造“互联网+旅游”实践标杆［EB/OL］.（2021-03-15）［2023-07-17］. http://yn.yunnan.cn/system/2021/03/15/031334956.shtml.
［5］云南观察. 推出3年了，“一部手机游云南”现状如何［EB/OL］.（2021-11-07）［2023-07-17］. https://m.sohu.com/a/499681107_235700.
［6］劲旅网. 三年之后再评“一部手机游云南”［EB/OL］.（2021-10-14）［2023-07-17］. https://www.163.com/dy/article/GM9HNNM205248IK3.html.

第十二章
江西湾里旅游大数据监管体系

第一节　案例详情

一、湾里——“旅游双创”推动绿色发展

南昌市湾里区，地处江西省南昌市西北部西山山脉中部，地形概貌为“七山半水分半田，一分道路和庄园”，先天拥有的优美山水生态环境，是湾里走绿色发展道路得天独厚的优势，被称为“南昌后花园”[1]。湾里拥有国家风景名胜区、国家森林公园、国家生态区三块国字号金字招牌，还曾获得全省科学发展先进县区、全省生态文明先行示范区及“绿水青山就是金山银山”实践创新基地、全省生态文明十佳示范县区等荣誉[2]。湾里区森林覆盖率高达73.15%，面积197 055亩①，是南昌的“绿肺”和“天然氧吧”。湾里在南昌的定位先后从“南昌后花园”“南昌都市中心花园”“山城融合都市生态旅游区”，转变为市十二次党代会提出的“城市中央公园”，既一脉相承又与时俱进。

南昌市湾里区于2016年入选“创建国家全域旅游示范区名录”，于2018年经江西省旅发委认定为“江西省全域旅游示范区”。《江西省“十四五”文化和旅游发展规划》指出，要以建设文化强省、旅游强省为目标，开启文化和旅游高质量发展新阶段[2]。湾里管理局积极利用发展机遇，借助丰富的“黄金资源”，以南昌“城市旅

① 1亩≈666.7平方米。

游功能区”为依托，致力于创建“国家全域旅游示范区”和“国家旅游度假区”（即“双创”工作）的品牌，全力打造具备全国性影响力和吸引力的旅游度假目的地。湾里管理局努力提升旅游产业的质量和效益，实现旅游产业全面提质增效的目标。未来将正式展开国家对全域旅游示范区的验收，而智慧旅游作为验收标准的重要板块，湾里区必然要完善相关的建设工作[3]。“畅通”工程，使游客“进得来、出得去、游得畅”；“智慧”工程，建立了“智慧湾里指挥中心”，实现了智慧旅游管理、旅游服务和旅游营销的一体化，为湾里旅游的发展注入了智慧力量。

表 12–1　湾里智慧旅游建设进程

时间	事件	意义
2016 年	入围首批《国家全域旅游示范区创建单位》名录	开展全域旅游创建
2017 年	建设并开通了智慧公路	旅游服务配套设施
2018 年	南昌市举办世界 VR 大会	优质的网络基础
2019 年	南昌市为两个 5G 试点城市	
2019 年	《国家全域旅游示范区验收标准（试行）》	智慧旅游建设纳入标准
2020 年	推进南昌“智慧湾里”项目	推动全域旅游发展

二、湾里区“智慧旅游”系统

旅游大数据指旅游业以现代化信息技术为基础，对获取数据进行分析与处理的方法，其关键在于利用物联网设备采集旅游数据，并通过分析挖掘数据价值[4]。国务院《“十四五”旅游业发展规划》明确要求，“健全旅游统计指标体系，提高旅游统计的准确性、科学性，深化旅游统计应用和大数据决策支撑，加强旅游产业运行监测[5]”。通过大数据的深度挖掘，可以为湾里旅游提供更加精准的预警、预测和决策，并激发旅游服务模式和机制的创新，从而推动湾里旅游的全方位、全景式的发展。

（一）“智慧公路”——门户通道

智慧公路作为连接“国家生态区”与城市的主要通道，不仅是“揽山入城”战略的前沿，也是旅游发展的助推器，使游客“进得来、出得去、游得畅”。江西第一条智慧旅游公路于 2017 年 12 月在湾里区竣工通车，路线由 S417 江西省店高速和南昌市湾里景区蛟万高速组成，全长 15 千米，起点为新经济产业园，终点为安义县万埠镇。该公路新增自行车、步行“绿色廊道”，建设“智慧设施、智能管理、科学决策、人本服务[6]”的智慧公路。重点建设湾里 S417 望城至招贤段，建成全省第一条集采用超声车流量监控、路面环境监控、自动融冰除雪水喷洒、弯道车辆监控和预警信息发布于一身的智慧旅游高速。

智慧公路具有四大功能[7]。首先，智慧公路通过公路配套的短信平台，能够实时监测人流量和路况。这意味着道路和景区的实时人流量、道路交通状况以及气候环境等信息可以被推送给途经该路段的人群。同时，该系统也能根据具体的情况，及时发出警告，或者为车辆的导向、分流等提供相应的应急预案，以保证道路的畅通与安全。其次，智慧公路的道路上安装了智能化的冰雪融化和除雪装置。安装在道路两旁的智能化环境监控和处理设备，能够对道路两旁的温度、风向、风速、能见度等进行实时监控。当检测到有冰层、积雪等异常现象时，该系统将在第一时间报警，并在工作人员的帮助下，自动或人工启动融化除雪设备，以保证行车的安全性。再次，智慧公路在拐弯处安装了拐弯处车辆报警装置。这种技术是通过汽车监控和警报装置，在转弯的时候，雷达探测到前面有汽车，就会给预警信息显示屏发送信号。这样，驾驶人员不仅能够看到预警信息，还能听到相关提示，有效提高行车安全。最后，智慧公路增设了绿色廊道，为步行登山爱好者提供独特的体验。这些休闲绿色廊道沿着公路单边分布，设有休憩停留区、观景平台、文化景观节点和公厕等基础服务设施。步行或骑行上山的游客可以在路线上欣赏各种风景，感受自然之美。通过智慧公路的这些功能，游客可以享受到更加便捷、安全和舒适的旅行体验。

（二）智慧湾里指挥中心

智慧湾里有一个中心，由智慧应急、智慧交通、智慧旅游三部分组成，分别是指挥中心、云计算中心和大数据中心，将所有的信息都集中到了一个“屏”上。智慧湾里的指挥中心分为两层，二层主要由多功能会议室、旅游营销和服务中心组成，一层主要由展示宣传中心和调度指挥中心组成。智慧湾里指挥中心的目标可以概括为六个“一”，即一屏指挥调度：建设综合指挥中心，实现各部门、多业务综合指挥调度；一机随心出游：搭建全域智慧旅游，提供游前、游中、游后全程服务；一网实况感知：完善交通感知设施，实现交通全域态势感知和智能管控；一图全景展示：绘制“智慧湾里”一张图，全景展示全区各类资源及数据；一脑综合分析：构建湾里大数据中心，“城市大脑”助力城市指挥决策；一云共享资源：建设湾里云计算中心，实现IT基础设施共建共享共管共维。

为了实现智慧旅游，湾里景区引入了智能化的管理系统，旨在提升景区管理者的协调能力并让游客全面了解湾里的吃、住、行、游、购、娱服务。智慧旅游系统分为管理和游客两个端口。在管理端，系统为管理者提供准确的旅游现状、运营状况和顾客画像等数据分析，帮助他们做出明智的决策。而在游客端，系统可以为游客提供“一站式”的服务，具体内容有定制旅游线路、推广特色产品等，从而让游客在吃、住、行、游、购、娱等方面都能得到充分的满足。同时，该系统也为本地的乡村特色民宿、土特产小吃等提供了展示、销售的渠道，将游客精准地导向乡村。这个智慧旅游平台可以对湾里主要道路和景区的情况进行实时监测，可以对交通拥堵或者其他突发情况进行及时的发现，并对其进行集中协调和快速处理。在景区和路口的大屏幕上，还能显示出主要道路的路况动态图，利用短信和小程序，向游客和当地居民发送准确的路况和停车位信息，从而有效地缓解了道路拥堵和停车难的问题。

（三）南昌“智慧湾里”项目

2020年6月，巨有科技和江西电信展开深入合作，携手推动南昌“智慧湾里”项目建设，借助资源丰富、分布广泛等优质的基础条件，提升完善旅游基础设施建设，贯彻落实“旅游+”战略，推动产业从单一的景区旅游转向全域旅游新格局[8]。同时，加强技术赋能，依托移动互联网等新兴科技，以一站式管家服务为标准，建设了全域旅游大数据中心和湾里智慧旅游平台，用数据支撑湾里“智慧旅游”决策升级。

全域旅游大数据项目，建设目标是符合国家全域旅游示范区的标准，总体特点为：（1）智慧湾里指挥中心；（2）面向游客、企业（商家）和湾里政府三个群体。对于职能管理部门、景区、旅游企业（商家），重点建设智慧旅游营销管理体系；而对于前来湾里参观的游客，重点建设智慧旅游服务体系，核心是“以人为本”。旅游大数据驾驶舱，即湾里数据可视化平台，可以帮助湾里在日常完成游客动态统计、实时监控、顾客群体画像等工作，而在重大节假日、旅游旺季等特殊时段，通过对人流量、车流量的实时监测，可以帮助湾里为游客提供拥堵预警等信息，并进一步实现远程调度。在湾里大数据监控中心建成并投入使用后，已积累了丰富的旅游与文化数据，利用信息技术与大数据手段，全面整合湾里的旅游资源，深入挖掘其文化内涵，打造出一条以大IP为特色的旅游产品链。利用大数据的处理，准确地对各时段的旅客种类及需要进行分析，并建立起专门针对湾里地区的“旅游档案”。

巨有科技自主开发了一个名为“智慧湾里”的“一部手游湾里”旅游平台，并针对湾里的全域旅游发展需要，量身定做了相应的页面和内容，用于服务省内外的游客、政府部门和商家。从游客那里得到的信息，可以帮助商家更好地提供服务，也可以帮助政府更好地监督。从政府的角度来看，“一部手游湾里”这个旅游平台具有以下三个方面的作用：一是全面整合湾里的各种优势资源。补齐短板，充实旅游消费因素，拓展销售渠道，构建全方位的旅游生态，实现“智慧化”的服务。二是推动旅游业的信息化建设。以“一机游”为突破口，为湾里景区品质管理、管辖范围内的旅游线路管理、旅游宣传等一系列问题提供数据支持与管理手段，并搭建湾里景区可视化旅游服务平台，帮助政府部门利用大数据进行治理，实现供应链的整合，实现景区的智慧赋能。三是对旅游行业进行监督。促使政府对旅游市场秩序进行更深层次的整顿，让政府各级旅游主管部门能够实现产业运行监测、政务管理、游客信息整合、旅游舆情实时监测、诚信评价机制的构建等，从而引导并推动旅游企业诚信经营，推动地方智慧旅游发展、助力旅游转型升级。站在游客的视角来看，“一部手游湾里”旅游平台有两个主要特点：一是方便易用，提升了用户的体验，在平台的界面上可以提供诸如景点展示、语音导览、门票购买等多种服务功能。二是通过 VR 和 AR 等技术，为游客们提供一种沉浸式的体验，并在旅游之前，为游客们提供一个决策依据，让他们在到达目的地之后，能够更好地选择旅游的时机，并在到达目的地之后做出相应的消费决策。

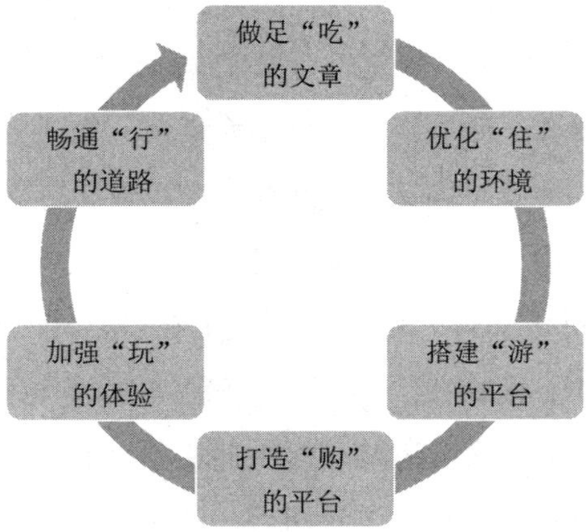

图 12-1　智慧湾里六大环节

一是做足“吃”的文章。湾里积极致力于发展具有地域民俗特色的特色旅游餐饮品牌，其中包括“梅岭味道”。此外，湾里推出了全竹宴、全茶宴、全羊宴、全鹿宴、全素宴等梅岭特色餐饮，形成了独具特色的餐饮文化。二是优化“住”的环境。精心打造一批特色精品民宿平台和以茶、酒及创意元素等为特色的旅游度假酒店，前者如泊园茶村、岭溪谷、九龄谷等，后者如梅林竹苑轻奢型酒店、保利皇冠准五星级酒店、林恩茶研园、隐居梅岭、星图帐篷客栈等。三是搭建“游”的平台。加强对国家AAAA景区的管理，提高景区旅游承载能力。四是打造“购”的平台。在线上，精心打造特产、手信好礼购物，将每个景点的特色产品在线上进行展示和销售，让顾客在网上进行购物，不需要担心行李问题，可以直接送货到家，从而提高旅游消费的吸纳承载力。在线上，建设有特色的太平心街、梅岭美食街、梅湾文化街，以及其他一些具有特色的观光购物街区。五是加强“玩”的体验。加快建设“冰零城”“大峡谷探险”“华纳电影城”，建设“禹港赛车运动基地”“大峡谷户外拓展基地”“狮子峰低空滑行基地”，举办“爱情节”“梅岭登山节”等33个旅游节，率先举办梅岭“伶伦音乐节”。为各个景点推出了VR实景导览和语音讲解，在参观之前就可以为游客们提供与景区有关的信息和景观，为游客们提供游览路线，让他们更好地了解各个景点的特点，降低了参观的难度，提高了景点的知名度。六是畅通“行”的道路。在全国首条“智慧旅游公路”上，加快自行车绿道、国家登山游步道、港湾式停车场的建设，开通湾里微循环公交。

三、旅游大数据监管中心

文旅大数据中心通过引入可视化、物联网等新兴技术手段，对湾里区的旅游数据进行收集与处理，将海量数据的分析结果以信息图表的形式展现，使得内容清晰直观且真实便捷。旅游大数据的建设亮点是建设前端移动数据采集网络，通过硬件无线采集、电子围栏采集、API数据对接、142种维度分析完成海量数据的采集和储存[9]。

这些资料收集主要是从外部资料和内部资料两方面进行。平台将内外部数据打通，直观清晰地展现在大数据中心，将有效数据精准应用到湾里的智慧服务、智慧管理和智慧营销中。

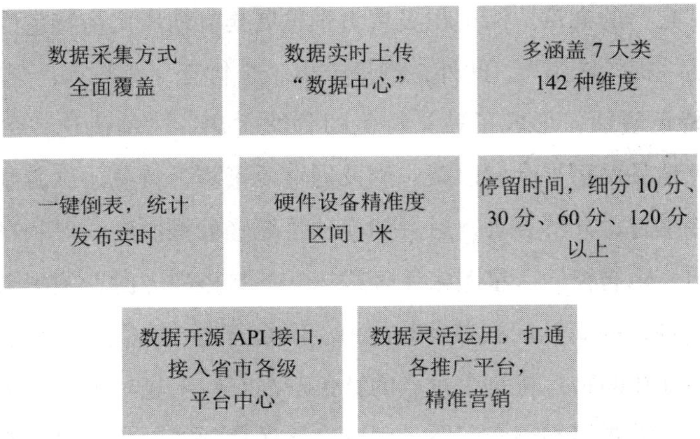

图 12-2　旅游大数据的建设八大亮点

表 12-2　信息数据采集来源

内部数据	外部数据
视频监控数据	公安信息数据（住宿游客来源、住宿游客属性）
电子商务数据	交通信息数据（进入车辆来源、进出车辆属性）
电子票务数据	BAT 运营数据
旅游监管数据	OTA 分销数据
客流统计数据	气象环境数据（旅游目的地、景区的气候舒适度以及预测信息）
营销运营数据	涉旅企业数据
旅游消费数据	通信运营商数据（游客来源、游客属性分析）
……	……

第二节　大数据监管体系实施效果

一、旅游大数据监管平台

巨有科技在新一代信息技术的支持下，在深维数据平台的基础上，研究开发了一个集智慧管理、分析和数据监控于一身的智慧湾里旅游大数据监控平台。

智慧管理：平台用 7 个纬度 39 个元素的数据画像，对湾里进行数据管理，包括景区运营、假日运行统计、网络舆情情况、经营收入、视频监控等海量数据信息管理。

客流量分析：对湾里景区的客流量、线路、人像等进行了多角度的分析与预测，包含了客流量、实时热图、消费场景、年龄、地理位置、行为偏好、兴趣爱好、关注度等信息。

数据监测：具体内容有景区热度排行、景区安全监控、假日游览轨迹、车辆景区进出、数据资源、旅游舆情、风险指数等。

二、旅游大数据驾驶舱

湾里数据可视化平台，也叫“旅游大数据驾驶舱”，将游客流量监测预测、旅游数据基本分析、精准营销分析、外部数据等多个模块的数据建模、挖掘和分析结果，以一种结构化的、动态的、交互式的、可操作的数据图表的方式呈现出来，为游客提供了直观、便捷、真实的数据服务。旅游数据可视化平台，全面把握湾里景区的运行状况，实时监测景区客流量、车流量、游客安全等多方面信息，并对其进行全面的大数据综合管理。借助旅游数据可视化平台，提高景区承载能力，强化竹海明珠等 AAAA 景区的管理和服务品质。通过对每个景区的地理位置信息进行可视化，实现了景区门票收入、游客人数、车辆和安保等信息的实时显示。

三、海量数据全景预测

针对热门景区，如竹海明珠、太阳谷、九龙溪田园综合体等，全方位的管理和预测尤为重要，重点对景区的客流量、车流量、票务营收、舆情等信息进行实时反馈（见表 12-3）。客流画像监测，即通过游客来源地、年龄、消费偏好等进行游客画像，为游客添加“智能标签”，精准划分细分市场，深入挖掘游客的兴趣偏好和购买习惯，然后通过 AI 算法，以短信或矩阵 APP 等多种形式推送给各个服务应用，提高游客关注量，又能精确匹配顾客需求促进消费。产业运行监测，即对于景区的接待情况、票务营收、车流量等旅游产业运行信息进行采集。安防视频监控，即对景区内的重点区域安装视频监控，配套“智慧芯”服务设施，湾里设置了客流量统计摄像头、景区视频监控、IP 广播音柱等装置。专题 GIS 图，主要包括客流热力图、区域营收 GIS 图、车辆监测 GIS 图等。舆情信息监测，也就是及时处置负面舆情，通过对湾里区各景区的投诉进行自动收集，通过对各景区的舆情信息进行分析，可以更好地了解各景区的最新动态、旅游动机和全景图的对比分析。中控管理系统是一种用于集中管理设备位置、数量和状态的系统。湾里景区的中控管理系统精准监测设备位置、数量和状态，包括摄像头、客流量统计摄像头、景区视频监控、IP 广播音柱等。通过 GPS 和实时监控，系统实现了设备位置追踪和状态监控，并提供集中控制功能。研究结果可为湾里区文旅产业发展和湾里区相关产业的发展提供科学依据，并可为相关产业的健康发展提供科学依据。在小长假、黄金周等重要节日期间，通过假日客流趋势、旅游经济的监测与预警，协助湾里文旅局的管理部门完成旅游信息的交换与行业的协调，实时掌握旅游客流的变化，快速制订与执行交通控制方案，及时疏导客流，加强对旅游出行的监控、对突发事件的预防与远程指挥。

表 12-3　海量数据全景预测

功能	内容
客流画像监测	客流趋势、客流监测、拥挤度、深度游客画像
产业运行监测	接待情况、营业额、车流等产业信息监测
安防视频监控	重点区域视频监控、监测显示
专题 GIS 图	客流热力图、区域营收 GIS 图、车辆监测 GIS 图等
舆情信息监测	热词、重点关键词、负面舆情等网络舆情监测
中控管理系统	设备位置、数量、状态集中控制

四、数据采集建设

通过对景区票务、餐饮、住宿、娱乐、交通等多业态系统进行融合，对游客出游时间、游客行为、消费项目、消费水平等内部数据进行采集，与此同时，还将公安、交通、OTA 分销、涉旅企业、通信运营等外部数据源进行融合，对旅游竞争、旅游企业活跃、旅游供给等情况进行系统分析，利用数字化的手段对湾里旅游发展趋势进行预测，从而帮助湾里发展。

通过对其地理位置情况的分析，能够及时捕捉到游客的轨迹，并对其进行动态展示。同时，还能对各个景区的客流量进行实时监控，一旦超过限定值，就会立即预警。同时，还能与历史数据相结合，对未来的人流饱和度进行预测，实时进行应急指挥调度，确保游客的体验。利用采集车辆实时信息，包括停车场车辆和车流趋势、交通卡口车流趋势等信息，展开车辆超额预警，并及时对车辆展开合理调配，避免造成景区交通的严重堵塞，也避免游客因为出行排队的时间过长，从而导致不良体验和投诉。通过与湾里管理局各个部门的数据进行对接，实现区级、市级信息联动，构建区域资源共享、数据同步的城市运作新模式。

五、精准营销变现

大数据精准定位游客所需所想，湾里大数据监管中心从客群的需求、场景应用、游客触达上利用大数据做到了精准营销。

在客群的需求方面，可以用大数据来洞察游客的行为和需求，以网站、微博、微信、抖音、搜狐等各种新媒体渠道为基础，来实现与游客的精准高效沟通。同时，还可以使用信息技术来收集游客的信息，并运用信息化技术和大数据手段，构建游客数据收集与分析系统，对游客的需求变化、重点客源市场、游客兴趣进行精准定位，从而达到科学决策的目的。全面整合湾里的旅游资源，深入挖掘其文化内涵，打造出一条以大 IP 为核心的旅游产品链条，精准分析游客的种类与需求，打造出一份独属于湾里的“旅游档案”。

在场景应用方面，借助大数据分析，使湾里文化得到更有效的推销宣传，同时为湾里决策者打造“吃喝游玩”等文化活动做到精准营销和提供数据支撑。还可以对区域范围内的旅游产品进行组合，实现品牌整合营销，推动湾里从“景点旅游”转向“全域旅游”，构建全域智慧旅游生态圈，助力景区联动营销。

在游客触达方面，将湾里景区票务、酒店住宿、餐饮美食、购物场所、娱乐设施等多个应用平台打通，触达各应用的信息推送，推动湾里所有景区的产业融合，对有效数据进行合理的管理和使用，打破数据孤岛，并进行精准的投放，加快湾里全域旅游经济的发展。利用对小程序和后端平台进行拓展，将服务应用系统进行打通，可以在短时间内将营销产品自动地推送到各大服务应用中，从而扩大游客的关注基数，准确地触及用户的需要，从而实现数据的精准营销变现，推动湾里旅游的消费。

六、生态智慧化景区

竹海明珠景区坐落在南昌市湾里城区12千米处，占地6.2平方千米。该景区包括上下两大片区构成，主要景点包括花老脊、五老峰、金鸡峰、试剑峰、阳峰等众多山峰，其中主峰花老脊高800米。景区内有一处七彩叠泉，长度为339米，共26级，落差高达27米。五彩缤纷的梯田景观宛如"大自然的调色板"，竹林如海，花团锦簇。

梅岭竹海明珠景区是南昌市一颗正在冉冉升起的旅游之星，2015年被评定为国家AAAA级旅游风景区。2019年，为了促进全域旅游业的发展，以江西梅岭竹林为依托，对已有的景区及相关的传统游步道进行了全面的整修。2020年6月，巨友公司与江西电信公司进行了深入的战略合作，将"竹海明珠"列为江西湾里旅游开发的重点工程。在SaaS基础上，构建了一套智慧的旅游系统，其中包含了"云购票""智能导游""智慧餐饮""智慧停车""智慧民宿""手信电商"等软件和硬件。竹海明珠景区智慧化的一系列建设，主要体现在对景区的信息化建设以及对景区的管理方面，为景区营销运营提供数据和底层技术的支持，推动地方管理的升级，从而实现景区多业态的发展，提高景区的收益。

（一）智慧景区

景区能够为游客提供一站式的智能服务和营销服务，具体内容有：景区的图文、视频、全景介绍、服务设施指引、电子导览、景区周边查询、游客评价等，为游客提供门票、酒店、团购、美食、特产等一站式预订服务，实现自助下单、支付。同时，它也起到了与游客互动的作用，如徽章、文创、优惠券、景点寻宝等。

一是旅游信息的精准推送。来到竹海明珠景区的游客，只要打开一个旅游APP，不需要下载，不需要安装，不需要存储，就可以享受到轻松愉快的旅游服务。平台以游客的需要为基础，为游客提供了一条完整的、有特色的旅游线路，可以在景区内开展活动，购买门票，打开手机就可以进行沉浸式的游览。平台对景区的文化和旅游信息资源进行广泛的收集，例如：地图基础信息、旅游资讯和攻略、景点图片和视频宣传，让游客在出发之前就可以查询景区相关信息，提前做好出发的准备工作，从而全方位地提高了游客的旅游体验。

二是提高旅游景点的经营效益。景区与旅游大数据平台相连接，平台拥有 7 个维度 39 个元素的数据画像，可以对竹海明珠景区展开客流量监控与预测、车辆监测、车流管控、旅游数据基础分析、游客画像分析，并通过管理分析、运营预测、客源分析、运营分析、营销分析、舆情分析六大功能，构建起旅游数据平台构架，识别游客需求，对重点客源市场进行分析，对景区游客画像进行分析，提高游客满意度。

（二）票务系统

在假期里，人们不可避免地会碰到过多的游客，在进入公园前排起长队。票务系统的建立使得景区的响应变得更加灵活和快捷。游客可以在网上购票后生成二维码，通过闸机或员工手持设备验票入园，这样可以节省排队购票的时间。景区可以利用闸机数据，对景区客流密度进行监测，并做好分流的准备。

（三）语音讲解

景点语音导览系统，是指将梅福池、七彩叠泉等景点的相关信息以人声和文字形式保存起来，当游客开启游览平台时，智能导览员会声情并茂地向游客介绍景点的文化、历史、景观等内容。通过语音的介绍，使游客不仅能看到景点，还能体会到更深层次的文化内涵，使游览变得更加有趣。

（四）智慧导航

如果游玩过程不顺畅，可能会错过一些景区的重要景点，从而降低游客整体游玩体验。竹海明珠景区在“高德地图”底层的基础上，创建了智能导览地图，该地图包括语音讲解、旅游路线规划、步行导航、搜索等功能，以帮助游客更好地规划他们的旅程。为每一个旅游要素提供一个一站式的定位服务，为游客提供卫生间、景点、停车场、加油站等公共设施的信息接入和定位服务。

（五）手信电商

竹海明珠景区为了服务特色旅游商品门店商家，打造了一种线上线下融合营销的新零售模式。游客可以通过手信电商平台购买景区内的特色农副产品、手信特产、文创IP、旅游纪念品，实现线上电商送货到家，同时通过会员送礼、分销等社交化工具来提升销售转化率。这一模式让游客体验“无行李购物”，同时享受智能化旅游服务的便利。能够在无行李的情况下，感受到智慧的旅游服务。

第三节　湾里旅游大数据监管实践的创新点

一、被动处理转向过程化、实时化管理

管理者可对各景区进行实时监控，并对景区流量、线路、画像等进行多维度分析与预判，对景区可能存在的风险进行评估与预测，避免因游客数量激增而导致的事故发生，并对网络舆论进行实时监控，对负面舆论进行预警与处置，从而提高景区的管理与运营水平。这种发展方式的变革，极大地提高了运营效率，促进了地区经济的发展，使当地的旅游企业与“智慧湾里”项目建立了密切的关系。

二、构建高效、可持续发展的旅游生态系统

湾里以旅游管理智慧化、旅游服务便利化、旅游营销精细化为基础，对从游客服务到旅游产业营销，再到旅游行业管理等各个方面的问题，利用多维度的数据展开分析，在资源层面上，对其进行了有效的整合，在管理层面做到水平提升，提高了产品和服务的核心竞争力，增强了游客、企业和主管部门之间的沟通和互动，促进了企业的发展，让企业的发展达到了有数可查、有据可依的目的，为促进旅游产业的经济发展提供了强有力的技术支持，最终形成了一个高效、可持续的旅游生态系统。

三、依托旅游预测预警机制保障游客安全

通过前端感知设备进行的数据采集，基于旅游大数据进行平台的可视化展示，实现对景区的监控、人流量、交通车辆、投诉建议等功能的统一管理。利用该系统可以对各个景点的客流量进行实时显示，实现对各景点的旅游客流的监测，从而达到对游

客进行合理引导，避免因游客过多而出现突发事件的目的，特别是在节假日和旅游旺季，游客过多会对景区造成很大安全隐患的情况下。因此，景区对这些问题的预防和管控非常困难，容易发生拥堵，需要对游客的动态进行实时监控，并及时预警。竹海明珠景区已经与旅游主管部门建立了信息共享的合作机制，以增强应急管理水平，确保游客的安全，同时维护景区的秩序。

四、精准触达用户需求，提升地区旅游消费

湾里大数据监控中心根据客户的需求，运用场景，运用大数据对客户进行精准营销。湾里大数据监控中心拥有海量的旅游与观光数据，全面整合湾里的旅游资源，深入挖掘其文化内涵，打造出一条以大 IP 为核心的特色旅游产品链条，精准分析游客的种类与需求，构建出一份独特的“旅游档案”。将湾里的“景点旅游”发展为“全域旅游”，形成全方位、智慧化的旅游生态圈，促进“三位一体”的发展。触达各个应用程序的信息推送，推动湾里各个景点的行业融合，对有效的数据进行科学的管理与利用，突破数据孤岛，实现精准投放，加快湾里全域旅游经济的发展。

参考文献

[1] 江西商网. 打造向绿而行的“湾里样本”[EB/OL].(2022-11-25)[2023-07-17]. https://travel.sohu.com/a/610115502_120683729.

[2] 南昌日报. 江西湾里管理局：打造全域旅游 2.0 时代 奋力瞄准“国字号”金招牌[EB/OL].(2022-06-20)[2023-07-17]. http://jx.ifeng.com/c/8GxCvF9MVfj.

[3] 江西省人民政府办公厅关于印发江西省“十四五”文化和旅游发展规划的通知[J]. 江西省人民政府公报，2021(21)：8-35.

[4] 刘建珍. 全域旅游视角下的南昌市湾里区智慧旅游建设研究[D]. 南昌：江西科技师范大学旅游与历史文化学院，2019.

[5] 国务院关于印发“十四五”旅游业发展规划的通知[J]. 中华人民共和国国务院公报，2022(05)：28-46.

[6] 江西湾里区打造全省首条智慧旅游公路[J]. 中国交通信息化，2017(10)：1.

[7] 江西省综合交通运输事业发展中心.【南昌日报】颜值与智慧并存 湾里这条旅游公路不一般[EB/OL].(2023-03-10)[2023-07-17]. http://jxgl.jt.jiangxi.gov.cn/art/2023/3/10/art_60472_4386292.html.

[8] 助力湾里全域旅游发展，致力打造南昌智慧“都市中心花园”[EB/OL].(2022-07-10)[2023-07-17]. http://www.juyoukeji.cn/news/info/id/150.html.

[9] 江西湾里部署旅游大数据监管中心，实现绿水青山“数字化”升级！[EB/OL].(2022-06-11)[2023-07-17]. https://m.163.com/dy/article/H9J4S4Q70538205Q.html?spss=adap_pc.

第十三章
阿勒泰旅游市场监管数字化体系

第一节　案例简介

一、阿勒泰走在监管数字化前线

伴随着数字化产业的不断发展，国家近几年针对数字化提出了不同的战略要求，如全方位地打造数字化人才以及大力支持科教兴国战略。特别是在2022年党的二十大上，特别提出了要建设现代化产业体系，坚持把发展经济的着力点放在实体经济上，推进新型工业化[1]。阿勒泰地区位于新疆维吾尔自治区最北部，其少数民族较多[2]。由于地理位置及当地历史发展等多种原因的局限性，其发展能力与中国中部、东部相比仍然较为落后。但近几年伴随着国家的经济、政策、人才等多方面的支持与鼓励，阿勒泰地区得到了飞速发展，其游客浏览量及景区建设也在不断地完善与发展当中，交通、生态建设、常住人口、医疗、城市发展等多个方面都呈现了欣欣向荣的局面。2017年，为响应冰雪旅游的国家号召，阿勒泰地区积极建设相应的基础设施与文化品牌，并于12月获评“中国十佳冰雪旅游城市”。随着旅游的大力发展，很多社会矛盾与冲突不断显现，如生态保护与旅游发展、城市建设与资源开采、经济建设与发展区域的协调性、新冠疫情防控要求布局与地区工作者分配问题等。为有效平衡社会压力与地区建设之间的矛盾，阿尔泰地区深入贯彻习近平总书记网络强国战略思想和加快发展数字经济发展的系列重要讲话精神，以习近平新时代中国特色社会主义思想为指导[3]，贯彻落实“坚持规划引领、完善旅游线路、打造知名品牌、搞好宣传推介、带动产业发展”的战略，围绕新疆社会稳定和长治久安总目标，积极落实自治区党委关于大力发展数字经济、助推经济结构调整和新旧动能转换的安排部署，以智慧旅游带动产业数字化融合发展，坚持数字技术与传统旅游业的深度融合要求，推动经济转型升级，形成以数字技术支持为中心的新型智慧旅游，推动旅游产业转型升级，促进旅游的高质量发展，推动旅游产业数字化的重点突破，“牵动一产、托举二产、促进三产”，引领带动其他产业的数字化融合发展。同时着力推进政务系统数字化应用，提高各级政府数字化监管和服务水平，促进治理体系和治理能力现代化[4]。

二、阿勒泰监管数字化类型

（一）数字化生态监督与维护

阿勒泰地区在实践中发现数字监督可以实现生态维护与旅游发展之间的平衡，为了实现更好的生态保护与更有效地利用资源，阿勒泰搭建了“山水林田湖草生命共同体”生态云监管平台。同时将此平台与目前国家第三批试点项目“新疆额尔齐斯河流域开展生态保护与修复试点工程”相结合[5]。该生态云平台一方面可以对地区生态环境进行实时监测，通过生态云平台与地区相关负责部门实现互联互通、信息共享、监测及时、合理调配人员、实时监测自然环境及地面变化等多方面多角度的功能与特点；另一方面，该生态云平台由于与新疆额尔齐斯河流域开展生态保护与修复试点工程相结合，可以实现对该项目的监督与规划。新疆额尔齐斯河流域开展生态保护与修复试点工程由于涉及项目多、人员分配较为复杂、所修复与保护的相关水域面积较大等多种原因，阿勒泰地区在人工监管上存在较大的困难，同时也无法切实保障监管的效果以及生态治理的进程。与生态云平台的结合不仅提升了对于该工程的监管力度，而且有助于提升在“受损地质环境治理、林草植被修复、资源枯竭型矿山治理、河湖生态修复、生物多样性保护、荒漠化治理”等众多方面的建设效率[6]。与生态云平台的结合加快了阿勒泰地区的生态维护与建设的步伐，也实现了监督的实时性与资源重新配置的合理性。

（二）数字化经济监管与市场秩序维护

阿勒泰地区资源丰富，依靠当地环境与资源的优势，阿勒泰的第一、二、三产业都在以不同速度发展，尤其是阿勒泰地区的渔业与矿业。但是由于地势复杂、自然灾害频发等自然原因，加上当地劳动力无法支撑其庞大的产业，阿勒泰地区出现了市场哄抬物价、资源抢夺、社会矛盾激化等不良现象，再加上很多资源无法得到充分的开发，有些地方的资源长期处于待开发或未开发状况，导致很多地区出现公有资源被私人占用或者荒废的现象。数字化的应用给予了当地福利，通过加快建设“产业现代化、创新科技化、监管智能化、决策数据化”等多方面的措施，阿勒泰地区的数字化经济监管能力得到了飞速的发展。如为了有效监督矿产资源的开发与利用，阿勒泰引入了数字矿山监控网，数字矿山监控网可以实现地势数据扫描、地质灾害监测、环境数据实时更新、人员流动信息自动变更、现有最大自然承载量计算等多种功能。数字矿山监控网的引入不仅加快了阿勒泰地区的资源开采力度，而且针对开采区域，数字矿山监控网可以进行实时监测，防止资源的过度消耗，有效平衡了资源开发与环境保护。当然，数字矿山监控网最大的优势依然在于它可以进行自我决策与实时监督，根据当地的地形地势等来设计与现实条件相契合的方案，判断当地是否适合进行资源开发以及如何进行资源探测。同时，将人工数据（如劳动力、科技投入、建设资金、期限等）通过代码的形式输入数字矿山监控网的程序，其可以给出一个相对合理的方案以供决策者参考。当然，阿勒泰地区通过划区域监管以及分时段监测环境变化，实现了资源的合理调配。数字化监管与决策的引入使得阿勒泰地区能以更加便捷的方式推动当地的经济建设以及加快数字化监督体系的形成与变革，在部分区域还能弥补劳动力短缺、人才不足的问题。

（三）多元加强地区管控与多方协作

为了防止生态资源的过度消耗，阿勒泰地区十分重视对于当地区域的监管与决策。首先，为了防止生态资源被肆意破坏，阿勒泰地区积极建设污染源自动监控设施，通过要求重工业企业加入联网工作中，对于这些企业进行定期考核、实时监控，加强对这些企业在排放达标、排污申报、资源消耗方面的管理。

同时为提升各领域、各方面、各要素的监管与决策效率，今年阿勒泰地区建立了旅游市场大数据智能监测及数字决策辅助平台。该平台以大数据手段、物联网技术、虚拟现实技术、区块链、云计算、数字孪生等多种技术为基础，通过将社会各领域的数据连接起来，打造一个全方位决策、多数据整合、多要素统筹的数字化平台。平台上不仅有航空、铁路、公路、交通卡点等必要的实时交通数据，还有三大运营商、互联网搜索引擎、地图服务商、OTA、银联等网上数据。除此之外，本地文旅集团、宾馆酒店等社会面数据也被应用到该平台之中。该数字化平台的数据整合可以应用于决策，通过建立相应的联立方程，在构建决策支持因子及相关决策指数（旅游服务质量指数、全域旅游发展指数、旅游价格指数、文旅企业家信心指数等）基础上，研发政策管理和决策仿真模块，以定期报送旅游市场发展统计分析报告。

该平台由“1+7+1+1”体系构成，即一个大数据中心、七个关键数据应用平台、一套专业化运营机制和一套移动展示系统，并由专业团队负责运营，收集权威旅游统计数据并撰写各类数据分析报告[①]，为阿勒泰旅游产业发展、政府决策提供重要依据。该平台还获评“2022 年文化和旅游数字化创新实践十佳案例”之一，以下以旅游市场大数据智能监测及数字决策辅助平台为例，探究阿勒泰地区数字化实施效果与创新点。

第二节　数字化监管实施效果

一、集中监管，获取海量而规整的资源数据

在过去，阿勒泰对于环境资源现状、生态资源分布、过夜游客数量、市场消费类型与趋势、游客出入信息、居民流动倾向等数据都无法直接获取，尽管有些数据可以被搜集或者被利用，但是受限于交通、地理环境、企业性质、产业规模等原因，政府部门收集困难，其统计期限长、流程烦琐，甚至到最后出现无功而返的现象。而目前阿勒泰的数字技术应用很好地弥补了这一点，旅游市场大数据智能监测及数字决策辅助平台的利用，可以全方位地收集各类数据，通过整合社会数据与各平台的互联网数据，打造一个数据交互与分析平台。该平台主要有以下几个方面的突出特点：

（一）时效性

旅游市场大数据智能监测及数字决策辅助平台获取的数据是根据当地游客行为以

① 张佳怡 . 阿勒泰：为讲好本地旅游高质量发展故事创新搭建数字化监测与决策支撑平台［EB/OL］.（2022-10-11）［2023-07-17］. https://www.sohu.com/a/591872035_120006290.

及依据特定的程序进行计算的，可以实现实时抓取、定期更新、及时调整等功能，如相关部门如果想要获取某个特定时间点或者时间段的数据，旅游市场大数据智能监测及数字决策辅助平台可以通过导出其存储的历史数据来满足此类需求。对于重大时间节点的数据（国庆节假日、端午节假日、寒暑期、春节等），尽管其数据烦琐、类型众多，甚至存在一定的“残差项”，该平台依然可以正常运行，只是数据获取的时间可能会拉长。

（二）差异性

由于该平台收集的数据类型较多，加上数据来源参差不齐，有时无法保证数据具有差异性的，数据可能存在重叠的现象，如一家在携程上和美团上存在的酒店，其向公众公布的客房预订数或顾客真实消费可能存在一定的差异。为了防止此类问题的出现，旅游市场大数据智能监测及数字决策辅助平台通过修改一定代码的形式，来辨别是否数据之间存在重复，如果存在，该平台后端会进行替换最符合其实际的数据或者选择最优的一份记入数据库。该方法一方面保证了数据收集的质量，另一方面收集数据的效率也得到了极大的提升。

（三）实时监管

平台的建立使得当地管理部门可以动态地分析各地的资源现状以及采集与储存情况，观察相关工作部门是否按照相关规定进行工作。如果发现过度采集或者地表情况发生大范围的变化，该平台会立即启动定位与预警处理，使得当地相关部门能够及时赶往现场，进行劝解或阻止。由于各相关的管理部门、建设部门在进行施工之前都有相应的电子报备以及硬件设施上的互联互通，该平台还能远程控制相应的设施设备，如果发生过度开发，管理部门可以通过远程控制建设现场来防止生态破坏。

二、精准监测地区旅游发展状况与竞争力水平

阿勒泰地区行政划分较为分散，当地政府管辖的区域面积广大，加上地形地势的影响，当地政府很难对于当地的旅游发展状况进行直接评估，也无法真正了解与全国其他地区相比其同期的竞争力水平有多高。并且由于其发展冰雪旅游的局限性，当地旅游的淡旺季十分明显，受地区差异的影响，淡季营销策略又无法做到真正的统一，

这也极大地限制了当地的发展。旅游市场大数据智能监测及数字决策辅助平台的使用，将阿勒泰全区域的游客总量、游客消费类型、入住酒店情况、景区接待量、消费结构构成、当地旅行社预订情况、交通行驶线路分布等集中到一起，决策部门可以直观地了解到游客趋向于前往哪个活动区域，也能看到游客的行进轨迹；同时结合社会数据，平台可以通过计算，给出特定时间段内游客的消费结构以及消费类型，该平台使当地部门可以真正了解到阿勒泰的旅游发展状况。

当然，闭门造车终究会阻碍当地的发展，阿勒泰为了提升当地的旅游竞争力与旅游发展水平，政府将全国其他地区的旅游发展数据与阿勒泰的旅游市场大数据智能监测及数字决策辅助平台结合在一起，通过与其他省份的旅游发展状况进行对比分析，了解阿勒泰在近期旅游发展中存在的不足与短板，通过后期采用相应的补救策略来弥补这些方面，以此来提升阿勒泰地区的旅游发展竞争力。在 2022 年上半年，阿勒泰通过使用该平台，将当地上半年的旅游发展数据与青海、宁夏等地区进行对比，了解到阿勒泰地区目前在旅游发展中基础设施建设存在一定的不足，将当地上半年的交通分布图与中国中东部交通分布图进行差异化的图层分析，看到了顾客更倾向于选择阿勒泰地区有一定知名度的旅游城市或景点。

三、上下联动，完善监管体系

近几年，党中央、国务院陆续出台了加快数字化发展、建设网络强国和数字中国等一系列相关政策文件，以此来推动中国的数字化发展水平，全国各地区都通过实施不同的数字化战略决策来响应国家的号召。阿勒泰地区为与国家“十四五”战略规划相契合，出台了《数字阿勒泰“十四五”发展规划（2021—2025 年）》，在编制依据、编制过程、编制内容等方面进行了明确划分，详细介绍了未来几年阿勒泰地区对于数字化的发展基础、发展形势、总体要求、总体布局、根本任务等。旅游市场大数据智能监测及数字决策辅助平台就是该发展规划的重要体现。

（一）与中国旅游研究院（文化和旅游部数据中心）联动，积极汇报监管措施与效果

为深入贯彻党的十九大和十九届二中、三中、四中、五中全会精神，贯彻落实第三次中央新疆工作座谈会精神，贯彻落实习近平总书记关于新疆工作的重要讲话、重

要指示精神和新时代党的治疆方略，贯彻落实自治区党委总体部署和工作要求，贯彻落实阿勒泰地区“6635”战略部署①，充分发挥数据作为关键生产要素的重要价值，做大做强以智慧旅游为主导的数字经济，阿勒泰地区积极加强与中国旅游研究院的合作与交流[7]。由于阿勒泰地区的旅游数字化刚刚兴起，处于建设发展的关键时期，阿勒泰与中国旅游研究院联动，由中国旅游研究院对于旅游市场大数据智能监测及数字决策辅助平台的使用进行监督与指导。同时中国旅游研究院派遣专业人员负责该平台的培训与维护，弥补阿勒泰地区数字化人才缺乏的现象。在平台运转期间，相关运营部门、维护部门、监管部门要定期向中国旅游研究院进行汇报，同时相关部门还应将平台生成的大数据分析报告、阿勒泰地区旅游经济发展报告、地区游客消费分析报告等交由中国旅游研究院，由中国旅游研究院对于这些报告进行审查。

（二）建设“一核一带多极”的监管体系

为了与阿勒泰地区的“6635”战略、“十大任务”及2021年“开门十件事”等内容联系到一起，阿勒泰地区提出了“一核一带多极”的发展要求与规划。首先在“一核”上，是指其数字化发展要以阿勒泰为中心，由阿勒泰地区的数字化来带动其他地区的发展。在数据收集上，旅游市场大数据智能监测及数字决策辅助平台首先将数据收集终端定位于阿勒泰市，以阿勒泰市为中心，分散收集数据。在数据结果上，该平台的数据先以中心图的方式进行展示，其多类的数据结构大多为“中心点”分散图。“一带”是指由喀纳斯景区、布尔津县、福海县、富蕴县组成的数字经济带，这些地区展现了一个开放性、多元化、互通性的数字经济发展的趋势。以这些地方为主要的数字经济带地区其主要原因在于这些地区的整体经济发展水平及旅游发展状况虽无法与阿勒泰市相比，但是这些地区在整个阿勒泰地区经济发展上起到了引领性与创造性的作用，这些地区的第一、第二产业规模较大，奠定了阿勒泰整体经济发展的基础[8]。建立数字经济带，可以推动这些地区的现代化农业、现代化企业、现代化服务业的发展。“多极”是指阿勒泰地区各个县（景区）形成特色突破的多极发展局面。目前阿勒泰地区的部分县镇及景区虽然各有其特色，但是其无法转化成经济优势。为更好地促进这些地区的发展，阿勒泰希望通过运用数字技术，提升这些地区的科技化

① 阿勒泰地区行署网.《数字阿勒泰“十四五”发展规划（2021—2025年）》解读［EB/OL］.（2022-07-29）［2023-07-17］. http://wap.xjalt.gov.cn/govxxgk/DD001/2022-07-29/74ec288a-1a6d-4eac-b9d8-9c50190fbb5a.html.

水平，同时扩大这些地区的品牌营销与口碑营销，以此提升这些地区的就业，提升其地区影响力，从而带动这些地区的发展。

第三节　阿勒泰旅游监管数字化转型的创新点

一、多源互动，动态调整监管范围与监测指标

目前，旅游市场大数据智能监测及数字决策辅助平台可以将市场、社会、组织以及各个平台上的数据进行收集。在收集源上，其有各类交通管理部门（铁路、公路、飞机等）、各类运营平台（移动、联动、电信等）、各类旅游 OTA 平台（飞猪、携程、美团）、相关的机关单位（文化和旅游部、中国旅游研究院、地方政府等），通过多种数据结合进行相应的因子分析、指数分析，最终获得游客的出游率、入住率、市场消费倾向、市场消费构成、旅游资源分布、生态维护状况等。在结果输出上，旅游市场大数据智能监测及数字决策辅助平台给出的数据与决策可以应用于多个方面。如在疫情防控上，可以通过分析旅游数据把控游客总量；在市场分析上，可以通过查看游客的消费倾向进行市场结构的调整；在生态环境监测上，该平台可以实时监测自然灾害的发生，进行提前预警，同时也可以对地貌、地形变化进行针对性的探测。该平台目前也引入了虚拟修复与建设的技术。由于森林、地貌等自然修复周期长，阿勒泰地区很多地区都需要进行大量的人工修复，而人工修复存在一定的危险性，甚至在修复过程中可能会对自然环境造成一定的破坏，而运用旅游市场大数据智能监测及数字决策辅助平台可以在实际修复之前进行虚拟修复，给出修复的人工成本、修复程度、预估周期时长、预计初始资本等，通过演算，最后得出修复效果。

当然，决策的方案最后需要投入到实践中才能判断该决策是否符合要求。平台给出的数据需要我们进行人工检验，人工检验的过程有时较为烦琐，但是由于人工检验的数据都是标准化的，其相对检验的效率会大大提高。

二、地区联动，填补人工监管带来的缺陷

有时，我们在对旅游数据进行分析与检测时，常常发现由于数据不饱和或者其他问题使得分析结果与实际存在一定的偏差。从数据整合的内部来看，旅游市场大数据智能监测及数字决策辅助平台真正实现了数据的联动与互通[9]。将“山水林田湖草生命共同体”生态云平台、数字矿山监控网、污染源自动监控设施等多平台的数据整合到旅游市场大数据智能监测及数字决策辅助平台中，将多个平台的数据融合到一个数据之中，减少了数据缺失引起的相关问题。数据之间的联动也反映出地区之间的联系越来越紧密，尽管阿勒泰地区县区划分较为分散、各地区之间因交通条件无法直接进行联系，但该平台的使用使得各地区能够互相查看各地区的旅游数据，也可以互相监督各地区的旅游规划的制定与执行情况。

各地区之间的数据互通也可以加快区域政策的制定与颁布。阿勒泰地区在深入实施创新驱动发展战略和人才强阿战略的基础上，通过加强区域之间的交流与合作来促进阿勒泰数字化发展水平。如阿勒泰地区将企业进行整合与捆绑，打造跨企业、跨产业、跨行业的融合发展格局，促进“互联网 +”全面发展的历史发展新局面。

三、数字赋能，带动当地多产业发展

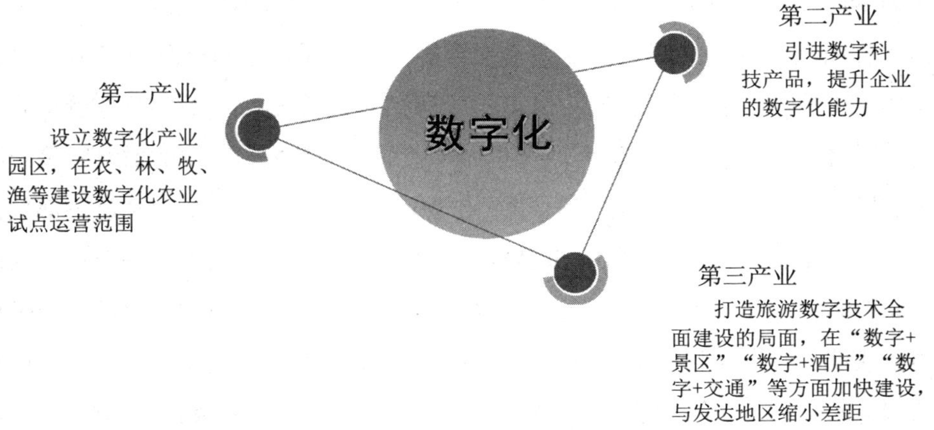

图 13-1　阿勒泰地区数字赋能产业图

阿勒泰地区积极进行数字赋能，推动第一、第二、第三产业数字化的全面发展。

在第一产业方面：阿勒泰地区通过规划产业园区，将农、林、牧、渔等产业分区域建设，通过引入无人机灌溉、智能温度调节、区域环境质量监测、智能防控等科技，推动阿勒泰地区的现代化建设，而这些技术都与旅游市场大数据智能监测及数字决策辅助平台相结合，最后的数据都会反馈到该平台上。

在第二产业方面：由于阿勒泰地区的冰雪旅游具有一定的知名度，但是与冰雪旅游相关的第二产业发展较为落后，与冰雪旅游相关的产业设施还不健全，很多滑雪板、防风衣、冰雪建筑等依然需要从外地进行批发与进口。阿勒泰积极打造第二产业数字化，通过与其他省市签订合同，鼓励企业搬迁以及行业转型，推动当地的轻工业与重工业的发展。这不仅给予了当地一定的就业机会，还在一定程度上推动了当地的经济发展。旅游市场大数据智能监测及数字决策辅助平台也要求各企业及时上传数据，通过监管各企业建设与发展情况，及时了解企业在发展过程中存在的短板。

在第三产业方面：阿勒泰很多地区的基础设施建设还较为落后，为带动当地旅游业的发展[10]，阿勒泰一方面积极加强基础设施建设，另一方面在建设中将数字化技术与这些基础设施相结合，如智能音控路灯、自动洒水器、智能空气质量监测等。同时，阿勒泰通过旅游市场大数据智能监测及数字决策辅助平台的数据分析，看到了当地与其他省市的差距，通过将数字化与旅游企业相结合，以旅游业的发展来带动当地的经济发展，以“数字化＋旅游＋其他”的方式来重塑当地的旅游发展市场，构建“数字化＋基础市场”“数字化＋景区”“数字化＋酒店”“数字化＋交通”等局面。

阿勒泰地区的数字化建设与发展，是与中国发展总要求相一致的[11]。其由原来的“山水林田湖草生命共同体”生态云平台的建设，到现在的旅游市场大数据智能监测及数字决策辅助平台的完善，都体现了阿勒泰地区积极完善数字化监管措施。通过相应的平台，阿勒泰地区能够获取海量而规整的旅游数据集，同时监测阿勒泰各地区的旅游发展状况与竞争力水平。通过深化与中国旅游研究院（文化和旅游部数据中心）的合作与交流，构建“一核一带多极”的发展格局，以此实现阿勒泰地区的多源互动，动态调整监管范围与监测指标，在数据饱和的基础上充分进行决策，同时也能做到地区联动，互惠互利。将多个平台的数据融合到一个数据之中，减少了数据缺失引起的相关问题，还能够推动数字赋能、数产捆绑，推动第一、第二、第三产业数字化的全面发展。

参考文献

[1] 陈素华．加快推进阿勒泰市旅游产业发展的探索［J］．现代商贸工业，2017（19）：11–12.

[2] 冯晓玉，杨宏伟．环准噶尔旅游产业带景区系统空间结构的分形研究：以“阿勒泰千里旅游画卷”为例［J］．经济地理，2012，32（11）：171–176.

[3] 胡强．全力营造阿勒泰全域旅游发展新局面［J］．大陆桥视野，2020（08）：44–45.

[4] 张佳怡．阿勒泰：为讲好本地旅游高质量发展故事创新搭建数字化监测与决策支撑平台［EB/OL］．（2022–10–11）［2023–07–17］．https://www.sohu.com/a/591872035_120006290.

[5] 王伟杰．新疆阿勒泰地区旅游服务监管搭上“数字快车”［N］．中国文化报，2022–10–22（004）．

[6] 李莼，曹艳姣，吕本富．基于网络搜索指数的游客人数预测研究：以新疆阿勒泰冰雪旅游为例［J］．新疆社会科学，2016（06）：46–51.

[7] 梁佳．加强文旅融合 助力阿勒泰旅游业高质量发展［J］．中共乌鲁木齐市委党校学报，2022（01）：35–39.

[8] 马洁，周秀英．李娟散文风景叙事资源与阿勒泰文化旅游开发创新路径探究［J］．西部旅游，2020（12）：22–24.

[9] 胡莉莉，李翠林．新疆阿勒泰地区乡村振兴与乡村旅游耦合协调研究［J］．云南农业大学学报：社会科学，2021，15（03）：8–13.

[10] 岳晓沛，朱明杰．DEA 视角下我国深度贫困区旅游扶贫效率研究：以“三区三州”为例［J］．武汉商学院学报，2021，35（03）：18–22.

[11] 赵爽，奚赛楠，范佳．基于绿色发展需求的建筑产业化区域发展模式研究：以新疆阿勒泰地区为例［J］．城市建筑空间，2022，29（01）：12–14.

后　记

《中外旅游数字化经典案例研究》的写作分工为：北京第二外国语学院邹统钎为主编，统一组织全书编写，并拟定了编写大纲；鄂尔多斯应用技术学院管理系张梦雅为副主编，负责全书统稿与文字编辑；具体章节写作分工为：第一章　胡晓荣、第二章　席小童、第三章　王祺慧、第四章　常东芳、第五章　张丽荣、第六章　仇瑞、第七章　李丽艳、第八章　程睿思 王一丁、第九章　张梦雅、第十章　张梦雅 谢双 、第十一章　王立鑫、第十二章　胡晓荣、第十三章　焦万鹏。

本书为北京第二外国语学院中国文化和旅游产业研究院集体合作的结晶。感谢北京第二外国语学院著作成果资助基金的资助。感谢北京第二外国语学院研究生院宋迎峰副院长的大力支持！感谢旅游教育出版社刘彦会老师的大力支持。

邹统钎

2023 年 6 月 21 日定稿于丝绸之路国际旅游与文化遗产大学（撒马尔罕）